…ugh u. Hering-Sallat

…ein flaumig eine Wein,

…man 4 Löffeln zc.

…das Ergebnis gut gemischt

…del Obers genommen

…er Zucker fest auflösen

…das abgetriebene auf

…fein u. 24 Loth gerieben,

… jetzt die ganze Masse,

…ß man nicht mehr

…t füllt man den Teig

…geschmierten Model

…man Ort gehen u. bäckt

Bascha Batorska

Es hat Ihm sehr geschmeckt

Aus der Küche und dem Leben der

Katharina Schratt

Dank

vor allem Küchenmeister Edgar Parisi, der mit persönlichem Engagement Rezepte von anno dazumal für moderne Küchen aufbereitet hat.
Inge Hlozanek für die Überlassung des Kochbuchs.
Johanna Ingalls-Cooper, die ihr Privatarchiv zur Verfügung gestellt hat.
Für Leihgaben: Veronika Bramberger, Alfred Heinrich, Foto Hofer, Fam. Günther Gaderbauer, Restaurant Villa Schratt, Schloß Gödöllö, Ungarn, György Darazs, Sales Manager, Kultur O.Ö., Dr. Paulus Wall, Ernst und Grete Willi, Konditorei Josef Zauner

Bascha Batorska

Es hat Ihm sehr geschmeckt

Aus der Küche und dem Leben der

Katharina Schratt

Fotohinweis, Angabe der Seiten:
Foto Hofer: 32, 34, 41, 127
Privatarchiv Johanna Ingalls-Cooper: 6, 9,
12, 15, 17, 19, 20, 25, 47, 62, 63, 64
Theresia Schratt: 66,
Mülleger: 67, 68,
Bramberger: 36, 38, 42
Stadtmuseum Bad Ischl: 30
Österreichische Nationalbibliothek: 44
Historisches Museum d. Stadt Wien: 49
Archiv: Schloß Gödöllö: 96, 98, 100

Die Deutsche Bibliothek - CIP-Einheitsaufnahme
Batorska, Bascha:
Es hat ihm sehr geschmeckt / Bascha Batorska. - Wien :
IberaVerlag, 1998
ISBN 3-900436-51-7

Layout: Alexandra Weiss
Bild Kaiser Franz Joseph I. – Gemälde von Wassmuth
Umschlagfoto Batorska: ARTEGRAPH, Robert Müller
Herstellung: Druckerei Theiss GmbH, Wolfsberg

ISBN- 3-900436-51-7

Inhaltsverzeichnis

Katharina Schratt in Baden, Jugendbildnis

EINLEITUNG

Für eine Biedermeierausstellung im Herbst 1996 habe ich mir Gedanken über typisch österreichische Mehlspeisen gemacht. Abwechselnd stöberte ich in Wien und Ischl in alten Kochbüchern. Freundliche Nachbarn und Bekannte unterstützten mich bei meiner Suche und überraschten mich mit „nahrhafter Lektüre“.
So gesellte sich eines Tages zur stattlich gewordenen Sammlung alter Kochbücher ein handgeschriebenes Kochbuch aus dem Ischler Haushalt von Katharina Schratt, das eine der letzten Saisonköchinnen aufbewahrt und dann weitervererbt hat. Das – oberflächlich betrachtet – eher unscheinbare Buch hat sich ein Erwecken aus seinem jahrzehntelangen Dornröschenschlaf verdient.
Die Rezepte der köstlichen Speisen, mit denen Frau von Schratt einstmals Kaiser Franz Joseph und Persönlichkeiten aus der Aristokratie und der Diplomatie, oder berühmte Künstler wie Johann Strauß und Alexander Girardi verwöhnte, sind in dem kostbaren Buch mit den abgegriffenen Seiten niedergeschrieben.
Wahre Traumgebilde, zauberhaft dekoriert auf dem Tisch der gefeierten und umschwärmten Burgschauspielerin, entstanden vor meinen Augen. In mir entstand der Wunsch, die Frau, die zwischen den Zeilen des Kochbuchs Regie geführt hatte, näher kennenzulernen. Es ergab sich

das Bild einer warmherzigen, impulsiven, tierliebenden Künstlerin, die ihre Kreativität bei der Komposition phantasievoller Menüs und der Zubereitung schmackhafter Speisen umsetzen konnte; ja, die sogar leidenschaftlich gern persönlich kochte und dabei gekonnt improvisierte. Gute Köchinnen kamen in ihren Haushalt, und so manches Kochtalent wurde von ihr entdeckt.

Katharina Schratt hatte, anders als Kaiser Franz Joseph, eine Vorliebe für die französische Küche und erlesene Speisen; sie hatte eine persönliche Schwäche für alles Französische, bei Tisch mußte französisch gesprochen werden. In der Küche standen Rezepte aus Frankreich an erster Stelle und dies sicher nicht zur Freude der Köchinnen, die meist keine Ahnung von der französischen Sprache hatten. Ihr Wunsch war es ganz sicher, „höfisch“ zu erscheinen und der verehrten Kaiserin (auch hierin) nachzueifern. Da sie aber ihre Köchinnen eisern trainiert hat, mußten alle über kurz oder lang zumindest einen Schimmer von der französischen Sprache bekommen.

Sie teilte diese Vorliebe für das Französische mit König Ferdinand von Bulgarien, einem ihrer hartnäckigsten Verehrer, den sie einst bei einer Kur in Karlsbad kennengelernt hatte. Kaiser Franz Joseph nannte ihn spöttisch den „Kleinen Ferdinand“, nahm ihn aber als Rivalen ernst. Er wollte über die Treffen der Schratt mit ihm (in der Gloriettegasse, in der Ischler Villa Felicitas oder im Hotel Sacher in Wien) genau unterrichtet sein.

Ihr Bühnentalent rückte sie ins Rampenlicht. Von den Brettern aus, die ihr die Welt bedeutet haben, verzauberte Katharina Schratt ihr Theaterpublikum – und schließlich Kaiser Franz Joseph. Als Gastgeberin glänz-

Schratt-Haus in Baden bei Wien

te sie nicht nur mit kulinarischen Kunstwerken, sondern auch mit witzigen Anekdoten und charmanten Plaudereien.

Mit Kaiser Franz Joseph war sie 30 Jahre lang befreundet. Die gemütlichen Mahlzeiten mit der Schratt – Frühstück mit Kipfeln, Kaffee und Gugelhupf, Mittag- und Abendessen, Jause – waren des Kaisers Exkursionen in eine behagliche, bürgerliche Welt. Ihre Erzählungen aus der

Theaterwelt und Geschichten von einfachen Menschen (für deren Sorgen und Anliegen sie stets ein offenes Ohr hatte und für die sie häufig bei Kaiser Franz Joseph intervenierte) wurden dem Kaiser immer unentbehrlicher. Sie wurden zum Seelenproviant des vereinsamten Habsburger Monarchen.

Die mollige, schöne Schratt wurde zum Idol der Wiener, zum Symbol für Charme, Gemütlichkeit und hausfrauliche Freude am Kochen. Österreich ist ein Land, in dem man für alle Lebenslagen ein Rezept bereit hat. Bei Kummer werden Mehlspeisen verpaßt. Am liebsten benannte man Mehlspeisen nach gekrönten Häuptern. Hatte man sie „zum Fressen gern"? Österreichische Kochbücher strotzen nur so von Kaisern, Fürsten und Prinzessinnen. Nach Kaiserin Elisabeth getaufte Süßspeisen zeichnen sich beispielsweise durch besondere Flaumigkeit und leichtere Verdaulichkeit aus … Die Schratt wiederum liebte Cremetorten über alles.

Sowohl die Kaiserin als auch Katharina Schratt absolvierten regelmäßig Abmagerungskuren. Alle Jahre wieder suchte die Schratt Karlsbad zur Kur auf. Manchmal brach sie die Kur ab oder kehrte unmittelbar nach Beendigung ihrer Diät zu alten Eßgewohnheiten zurück. Österreichische Seelen brauchen eben Proviant; sie geruhen zu speisen.

KATHARINA SCHRATT – ZUR PERSON (11. 9. 1853 – 17. 4. 1940)

Katharina Schratt wuchs in einer wohlhabenden Badener Kaufmannsfamilie auf. Ihre frühe Theaterbesessenheit löste bei der ganzen Verwandtschaft eine Welle der Empörung aus. Aus jahrelangen Kämpfen mit Vater Anton Schratt ging die beharrliche Tochter aus gutem Hause siegreich hervor.

In dieser Zeit hat sie vermutlich ihr Durchsetzungsvermögen trainiert. Spätere Intrigen am Burgtheater prallten so wie die Attacken mancher Widersacher bei Hof an ihr ab.

Ihre Spiel- und Verschwendungssucht bot allerdings genügend Angriffspunkte; die großzügigen Geld- und Schmuckgeschenke des Kaisers erregten Neid.

In einem der undatierten Briefkonzepte der Schratt (die Briefe wurden vom Kaiser verbrannt) bedankt sie sich bei ihrem Gönner: „... *Verzeihen Sie mir, daß ich Ihnen erst heute für das prachtvolle, großartige Geschenk danke. Eigentlich bin ich noch immer fassungslos darüber. Als Sie Freitag fort waren und ich das Etui öffnete und diese Pracht sah – fiel mir das Geschenk beinahe aus den Händen, und auch jetzt noch kann ich immer nicht glauben, daß es mir gehören soll. Auf so etwas war ich nicht gefaßt.*

Publikumsliebling Katharina Schratt

Hoffentlich sehe ich Sie recht bald bei mir, damit ich meinen Dank nochmals wiederholen kann. Mit herzlichsten Grüßen, Ihre Kathi Schratt." Kaiserin Elisabeth, die meist auf Reisen war, hatte anfangs gar nichts gegen die „Freundin". Die gemeinsamen Mahlzeiten waren von der Kaiserin persönlich abgesegnet; ein erstes Treffen war sogar von ihr persönlich arrangiert worden. Die zahllosen kulinarischen Zusammenkünfte des Kaisers mit Katharina Schratt zogen sich wie ein roter Faden durch die Jahrzehnte andauernde Beziehung des ungleichen Paares. Sie sind in die Geschichte eingegangen.

Hermann Bahr beschreibt die Frau, deren Lebensweg von ihrer Theaterbesessenheit geprägt war, in seinen „Glossen zum Wiener Theater": „Gleich, wenn sie kommt, ist das Ohr betört, so freundlich klingt uns diese helle Stimme an, in der alle kleinen Teufelchen der Wiener Laune lauern – aber jetzt schlägt sie die Augen auf – Augen einer Melusine, die sich nach dem tiefen Wasser sehnt, verträumt, unirdisch, entrückt, zu denen nur der fröhliche, gesprächige Mund eigentlich gar nicht paßt. Um den es sehr weltlich, sehr irdisch, hausfraulich verständig blitzt. Dem Wiener wird warm – er ist kein Troubadour, sein Ideal muß am häuslichen Herd stehen. Diese ideale Wiener Frau Melusine mit dem Kochlöffel, der schon in der schnadahüpfelnden Stimme, ja sogar schon in ihrem behaglichen, kampfbereiten Gang droht, das ist die Schratt."

Trotz ihrer Bühnenerfolge war die Schratt im täglichen Leben gerne Hausfrau und Mutter; sie blieb zurückhaltend und natürlich. Am 25. September 1879 heiratete sie den ungarischen Aristokraten Nikolaus Kiss de Ittebe. Trotz aller Eheturbulenzen und der schließlichen Trennung des Paares blieb sie bis zu seinem Tod im Jahr 1909 seine Ehefrau.

Dem gemeinsamen Sohn Toni war sie eine überaus fürsorgliche Mutter. Aus einem Briefkonzept der Schratt für Kaiser Franz Joseph: *„Innigen Dank für den gestrigen, gnädigen, lieben Brief, welchen ich schon mit Schmerzen erwartete. Auch für das Gebet E. M. danke ich herzlichst – es hat wirklich geholfen – ich habe Toni doch ziemlich leicht ins Theresianum gebracht. Er war sehr ruhig und als er sah, daß ich vor dem Theresianum zu weinen anfing, sagte er sehr entschieden – ‚Aber so hör' doch auf, hör' auf, wir kommen gleich hin.' Oben ... übergab ich ihn dem Präfekten und blieb noch ein Weilchen mit Frau Bauer dort und ging schließlich mit nicht einmal sehr schwerem Herzen fort. Gestern und heute durfte ich ihn wieder herausholen. Er ist lustig ... Uniform hat er noch keine – er bekommt sie erst in ein paar Tagen. Für den gnädigen Gruß küßt Toni E. M. die Hände ..."*

In einem Briefkonzept aus dem Jahr 1888: *„... bei einem Abendspaziergang gegen Weidling sah ich ein Reh mit den Jungen. Toni werde ich, nächsten Sonntag, wo ich ihn wiedersehen darf, den gnädigen Gruß E. M. ausrichten.– Ich hoffe und wünsche von ganzem Herzen, daß er im Theresianum brav und folgsam sein wird."*

Das Ehepaar hatte, abgesehen von der Liebe zum Sohn, wenig gemeinsam. Vereint hat sie allerdings die Verschwendungssucht. Kaiser Franz Joseph mußte beide ständig „retten". Er verschaffte dem Sproß eines alten ungarischen Geschlechts immer wieder standesgemäße Beschäftigungen im österreichisch-ungarischen Konsulardienst, obwohl Kiss keinerlei Ausbildung für den diplomatischen Dienst vorweisen konnte. (Buenos Aires und Algier zählten zu der Reihe von Stationen, von denen er, ständig lamentierend, auf Kurzbesuch nach Wien zurückkehrte.)

Frau Schratts unbekümmerter Umgang mit Geld hatte auch gute Seiten: Sie beschenkte arm und reich aus vollem Herzen und bei jeder Gelegenheit. Kaiser Franz Josephs Leibkammerdiener Eugen Ketterl erinnert sich: „Die Weihnachtsgeschenke, die wir Hofbediensteten vom Kaiser erhielten, verdanken wir ihr, denn als die ‚Gnädige Frau‘ mich einmal fragte, was wir zu Weihnachten bekommen hatten, und ich wahrheitsgemäß antwortete, ‚nichts!‘, da wandte sie sich entsetzt an Seine Majestät, der sie dann beauftragte, fortab für uns Weihnachtsgaben einzukaufen. Ihrer Aufmerksamkeit war es zu danken, wenn der Kaiser schöne warme Pelze erhielt, gegen deren Anschaffung er sich aus spartanischer Anspruchslosigkeit gesträubt hatte. Sein Privatappartement schmückte sie mit schönen Einrichtungsgegenständen. So stammten von ihr der Teppich vor dem Bett

Toni Schratt
als Schüler der Eliteschule Theresianum

des Kaisers, der prachtvolle Überwurf des Betstuhles, das silberne Kruzifix und die beiden Votivtafeln darüber, der Toilettetisch und der pompöse Barockschreibtisch im Schönbrunner Arbeitszimmer. Franz Joseph ließ sich gerne von ihr beschenken. Aus Paris brachte Frau von Schratt einmal dem Monarchen ein schlichtes Kästchen mit, aus dem, öffnete man es, eine kleine unscheinbare Nachtigall sprang, in der ein Spielwerk so prachtvoll das Schlagen der Nachtigall wiedergab, daß man vermeinte, den lebenden Vogel singen zu hören."

Die Vorbereitungen für das Weihnachtsfest beschäftigten die Schratt jedes Jahr bereits viele Wochen vor dem Fest. Sie war damit beschäftigt, für die Armen aus verschiedenen Wiener Bezirken, für Verwandte, Freunde und das Kaiserhaus großzügige Weihnachtsgeschenke auszusuchen. Jährlich erschien sie im Demel, einer ihrer Lieblingskonditoreien, mit langen Einkaufslisten.

Nichte Rosl erhielt einmal eine besonders schöne Bobonniere als Nebengeschenk aus dieser Konditorei, als Hauptgeschenk die Libellenbrosche. Meist schenkte die Schratt sieben Sachen: ein Hauptgeschenk und 6 Nebengeschenke.

Das Hauspersonal wurde reichlich mit Gaben bedacht. Eugen Ketterl, Kaiser Franz Josephs Leibkammerdiener, mußte eigene Listen für die Schratt anlegen. Er richtete dabei sein Augenmerk auf praktische Dinge für den Kaiser.

Sohn Toni durfte in den Weihnachtsferien Schulfreunde aus dem Theresianum mitbringen. Die Kinder wurden mit köstlichen Bäckereien und

Weihnachtshauptgeschenk von Katharina Schratt (einst ein Geschenk des Kaisers für seine Freundin) für ihre Nichte Rosl. Später wurde diese wertvolle Brosche von Rosl zur Anschaffung einer Wohnung in der Wiener Innenstadt verkauft.

Kuchen verwöhnt. Zauberer und Feuerwerke hinterließen unauslöschliche Eindrücke bei den jungen Hausgästen.

Kaiser Franz Joseph schreibt am 25. Dezember 1889 an die Schratt: *„... als ich ... für Ihren lieben, guten reizenden Brief ohne Datum und für die schönen, sinnreichen Weihnachtsgeschenke so recht von Herzen danken möchte ... Besonders gefreut habe ich mich, als beim Aufspringen des Fensters der Alpenhütte, ... mich Ihr liebes Bild als Nandl anlächelte. Dank auch für die vielen Glück bedeutenden Wahrzeichen, mit* *welchen Sie Ihre Geschenke besät haben. Wenn dieselben mir soweit Glück bringen, daß sie mir Ihre Freundschaft erhalten, die mein Trost und meine Freude sind, so haben sie ihre Schuldigkeit getan."*

„Die kleine Madonna hat die Kaiserin sehr gefreut und sie dankt Ihnen herzlichst für dieselbe ..."

Ein Jahr später, am 24. Dezember 1890, schreibt Kaiser Franz Joseph: *„... mit diesen Zeilen erlaube ich mir, Ihnen meine bescheidenen Gaben zum Christkindl mit der Bitte zu Füßen zu legen, daß Sie dieselben mit gewohnter Güte ... entgegennehmen wollen. Die Diamanten sollen sich an die früheren reihen, und wenn ich noch einige Jahre lebe, so wird vielleicht doch ein Collier zustande kommen ..."*

Faksimile-Unterschrift von Kaiser Franz Joseph

Im Jahr 1882 war die finanzielle Bedrängnis des Ehepaares Kiss de Ittebe so groß geworden, daß der Hausherr Nikolaus seinen jahrelangen Kampf gegen die Bühnenleidenschaft seiner Frau endlich aufgeben mußte. Sie durfte zurück zum Theater, um Geld zu verdienen.
Die Wiener hatten ihren Bühnenliebling wieder.

KATHARINA SCHRATT UND DAS THEATER

Nach Erfolgen in Berlin als „Käthchen von Heilbronn“ kehrte die Schratt 1873 ans Wiener Stadttheater zurück. Der berühmte Theaterdirektor Heinrich Laube wollte sie für die Galavorstellung zum 25. Regierungsjubiläum Kaiser Franz Josephs in der Rolle des Käthchen vorstellen und damit an ihre Berliner Erfolge anknüpfen. Die „Neue Freie Presse“ berichtete: „In der Titelrolle erschien heute zum ersten Mal ein neues Mitglied dieser Bühne, Fräulein

Katharina Schratt in einer Hosenrolle im Lustspiel „Schach dem König“

Katharina Schratt

Schratt vom Hoftheater in Berlin. Ein junges, anmutiges Mädchen mit blonden Haaren, blauen Augen und einem taufrischen Kindergesichtchen, hatte sie schon die Sympathie der Zuschauer für sich, als sie, noch ohne ein Wort gesprochen zu haben, mit verbundenen Augen in den düsteren Saal vor das Femgericht geführt wurde. Die erste Szene litt ein wenig unter der Befangenheit der Debütantin; bald aber, als der erste Applaus erschollen war, überwand sie dieselbe, Spiel und Sprache wurden freier, der anfangs etwas kalte Ton wärmer und der Erfolg des Fräulein Schratt war gesichert …" Laube wählte anschließend die Schratt für die Titelrolle in „Der Widerspenstigen Zähmung". Das bei der Galavorstellung anwesende Kaiserpaar beglückwünschte Laube zu der erfolgreichen Aufführung, ohne die Hauptdarstellerin hervorzuheben.

Erst viel später, im Jahr 1885, sollte sie dem Kaiserpaar auffallen: Anläßlich eines Monarchentreffens von Zar Alexander III. und Kaiser Franz Joseph gastierte das Wiener Burgtheater im Schloß Kremsier. Die „Neue Freie Presse“ berichtete: „Um halb neun Uhr abends begann die Theatervorstellung. Oberzeremonienmeister Graf Hunyady gab durch dreimaliges Klopfen das Zeichen, daß der Hof erscheine. Der Kaiser, welcher die russische Grenadieruniform trug, führte die Zarin, der Zar die Kaiserin … Die Kaiserin trug ein hochgeschlossenes pfirsichblütenfarbenes Kleid, die Zarin eine weiße, mit Blüten bestickte Robe … Die verschiedenen Nummern des Programms wurden sehr beifällig aufgenommen, und jedes Mal war es der Zar, welcher das Zeichen des Applauses gab, sowohl nach dem von Frau Wolter mit Meisterschaft gesprochenen Sappho-Fragment … und wiederholt während der Aufführung des von Sonnenthal, Baumeister und Frau Schratt allerliebst gespielten Proverbs ‚Er Experimentiert‘.

Nach der Vorstellung waren alle Mitwirkenden zum Tee in die kaiserlichen Gemächer geladen, eine Auszeichnung, die bisher nicht üblich gewesen ist.“ Nach diesem Tee wurden die vier Schauspieler dem Herrscherpaar vorgestellt. Kaiser Franz Joseph und seine Gemahlin sprachen Frau Schratt ihre Anerkennung aus. Sie versicherten der Künstlerin ihre Anteilnahme, mit der sie ihre Karriere am Wiener Burgtheater stets verfolgten.

Kaiserin Elisabeth erkannte damals die Sympathie ihres Gemahls für die Schratt. Im Jahr darauf, 1886, beauftragte sie den Maler Heinrich von Angeli mit einem Porträt der Schauspielerin; sie wollte ihrem Gemahl damit eine besondere Freude bereiten.

Schicksalhaft war dann die Begegnung des Kaisers im Atelier des Malers mit der Schratt, deren volle Schönheit er erst seit Kremsier zu bewundern schien. Bei ihrer Antrittsvisite als angehende Burgschauspielerin (1883) war sie zu verschüchtert gewesen, um Eindruck auf den Monarchen zu machen.

Mühsam und zermürbend war ihr Weg an diese heißbegehrte Bühne gewesen; mit Hilfe von Mäzenen und Freunden mußte die mit eigenen und den Schulden ihres Mannes belastete Schauspielerin erst „entschuldet" werden, um Burgtheatermitglied werden zu können. 17 Jahre lang sollte sie nun – bis zum Jahr 1900 – an der Burg gefeiert, geliebt und bekämpft werden.

Zutiefst gekränkt schied sie zur Jahrhundertwende aus dem Ensemble aus: Kaiser Franz Joseph hatte ihren Pensionierungsantrag unterschrieben, ohne vorher mit ihr Kontakt aufzunehmen. Selbstverständlich hatte sie angenommen, zum Bleiben aufgefordert zu werden. Doch zu lange schon hatte sie, trotz ihrer so gerühmten Schlichtheit, als Vertraute des Kaisers Privilegien beansprucht. Ihr Bedürfnis nach Hauptrollen und verlängerten Urlauben war im Lauf der Jahre immer größer geworden. Oft unternahm sie Reisen an die Riviera und in die Spielcasinos, ein Ziel, für das weder der Kaiser, noch die Kollegen Verständnis hatten. Kaiser Franz Joseph mußte die Schratt mehrmals nach großen Verlusten beim Spiel in Monte Carlo auslösen, damit sie die Heimreise antreten konnte.

Nach dem Abschied von den Brettern der Burg, die ihre Welt waren, blieb sie Wien ein Jahr fern. Lange ließ sie den Kaiser, der sehr unter der Trennung von seiner Vertrauten litt, ohne Nachricht.

KATHARINA SCHRATT UND KAISER FRANZ JOSEPH

(18. August 1830 – 21. November 1916)

30 Jahre gemeinsame Mahlzeiten

Das erste private Treffen von Kaiser Franz Joseph und Katharina Schratt fand im Atelier des Malers Angeli statt. Die Schauspielerin erwähnte im Verlauf ihres Gesprächs ihr Feriendomizil Frauenstein am Wolfgangsee. „Ah, dann werde ich Sie von Ischl aus besuchen“, meinte der Kaiser heiter. Sein Besuch erfolgte prompt an einem Samstagmorgen und war für die Schratt und ihre Köchin ein Schockerlebnis. Denn die Koffer standen noch unausgepackt herum und es gab kaum etwas zu essen, da alle Geschäfte geschlossen hatten. Das allererste gemeinsame Frühstück des Kaisers und der Schratt war improvisiert und spartanisch. Trotzdem hat es ihm vorzüglich geschmeckt. Der Charme und die Plauderkünste der Schratt sowie der ungezwungene Rahmen amüsierten den Kaiser. Das Frauensteiner Frühstück sollte zum Auftakt für viele gemeinsame Mahlzeiten in Wien und Ischl werden.

Der Frühstückspfad des Kaisers

in Wien-Hietzing

Kaiser Franz Joseph nahm täglich sein zweites Frühstück um sieben Uhr früh bei der Burgschauspielerin Katharina Schratt, die in der Gloriettegasse 9, im dreizehnten Wiener Gemeindebezirk wohnte, ein. Während der Sommermonate frühstückte er bei ihr in der Ischler „Villa Felicitas“.

Jeden Morgen bahnte sich der kaiserliche Frühaufsteher und passionierte Spaziergänger seinen Weg zur Hietzinger Villa der Schratt durch den botanischen Garten von Schönbrunn zu der versteckten, in Jasmin und Fliedergebüsch gebetteten Mauerpforte. Er überquerte die Straße und hatte schon den Duft seines zweiten Morgenkaffees in der Nase. Die Köchin war bereits um vier Uhr früh aufgestanden, um den Gugelhupf als Krönung der Frühstückszeremonie zu backen.

Frau Schratt begann etwas später mit ihrer Morgentoilette und der Dekoration des kleinen Boudoirs. Knusprige Kipfeln ringelten sich auf kostbarem Porzellan über Damasttischtüchern. Der Kaffee dampfte mit dem Gugelhupf um die Wette, Zigarren (Virginia) lagen in einer eigens temperierten Zedernholzkiste bereit. Milch und Gebäck waren frisch und ofenwarm. Köstlichkeiten aus dem Ofen der Schratt (oder von Nobelbäckereien wie Gerstner und Demel) bestimmten das bürgerliche „Sichwohlfühlen", die gemütliche Atmosphäre, überstrahlt von der Liebe, die durch den Magen geht.

Es gab aber auch Verspätungen, wenn der Kaiser von einer Reise zurückkehrte; es gab einen Kulissenwechsel vom Boudoir zum Schlafzimmer der Burgschauspielerin, wenn sie die „Stille Woche" hatte. Dann saß der Kaiser an ihrem Bett, und die Kipfeln ringelten sich auf einem Tischchen neben dem Bett. Kaffee- und Gugelhupfdampf umwölkten das blasse Gesicht und die aschblonden Löckchen der Diva, der Dutzende bedeutende und steinreiche Verehrer zu Füßen lagen. Hans Graf Wilczek oder König Ferdinand von Bulgarien gehörten zu den ausdauerndsten „lebenslänglichen" Anbetern der Schratt.

Aus Bistritz schreibt Kaiser Franz Joseph am 14. 9. 1891: „*... da ich am 19. ungefähr um 6 Uhr früh in Schönbrunn eintreffen werde, so werde ich mir erlauben, um 8 Uhr ... in der Gloriettegasse zu erscheinen mit der Hoffnung, Sie den Zeitumständen entsprechend, ... wieder einmal zu Bett zu finden, was Sie mir auch halb und halb versprochen haben ...*“ Die Empfängerin dieses Schreibens lag an solchen Tagen besonders reizvoll in Spitzen gehüllt, die ihr berühmt schönes Dekolleté zart umspielten, in ihre seidenen Kissen zurückgelehnt. –

Wie muß Kaiser Franz Joseph vom Brief der Schratt entzückt gewesen sein, den sie ihm aus der Isolation durch Tonis Schafblattern schrieb: „*... überglücklichst für die überaus großen Freuden, welche E. M. mir mit der gnädigen Theilnahme (bezieht sich auf die Schafblattern) und mit den Briefen bereitet. Nur kam es mir vor, als ob man mir die Hände*

Postkarte von Katharina Schratt an ihre Nichte Rosl
Ansicht des Innenhofes ihrer Villa in Hietzing, Gloriettegasse 9

gebunden hätte, weil ich nicht sogleich antworten und danken durfte. Die Briefe von E. M. wurden aber dafür umso öfter gelesen und des Nachts habe ich sie unterm Kopfpolster ...“

Der Tagesablauf sowie der Rhythmus der Schratt unterschieden sich grundsätzlich von der Zeiteinteilung des früh aufstehenden Monarchen: Nach den Vorstellungen an der Burg traf sie sich häufig mit Kollegen und Freunden im Sacher oder feierte mit ihnen bis in den frühen Morgen hinein in der Gloriettegasse. Alexander Girardi, Johann Strauß und viele andere schätzten sich glücklich, wenn „Kathi“ sie alle zu ihren „Kuchlsoireen“ zusammentrommelte. Sie bekochte ihre engsten Freunde an solchen Abenden höchstpersönlich. Morgens konnte sie begreiflicherweise kaum ausgeruht sein und setzte ihren Schlaf, nachdem sich Kaiser Franz Joseph verabschiedet hatte, fort. Ab und zu begleitete sie den Kaiser ein Stück des Weges nach Schönbrunn, um die Bären mit den Frühstücksresten zu füttern.

Katharina Schratts Tierliebe war allseits bekannt. Sie sammelte streunende Hunde und Katzen ein, um sie liebevoll in ihrem Heim zu betreuen. Kanarienvögel, Papageien, Rehe, ein Java-Affe, sie ergaben mit den Hunden und Katzen eine beachtliche Menagerie, die auf Reisen teilweise mitgenommen wurde und in Ischl für Aufregung sorgte.

Aus einem Briefkonzept der „Gnädigen Frau“ für Kaiser Franz Joseph: *„Toni fand ich wohl. Er dankt E. M. und küßt die Hände. – Seit zwei Tagen besitzt er ein junges Reh, welches bei ihm im Zimmer schlafen muß. Graf Wilczek war richtig hier gewesen und hatte – außer den verwundeten Bellac – auch einen kranken Baron und den Grafen Schaffgotsch in Ischl besucht, zu welchem ich übrigens morgens auch gehen werde. Den kleinen*

Hieb wegen Wilczek (daß ich in der Theorie brouilliert und ihn doch praktisch zu verwenden weiß) habe ich dankend empfangen, und ich fühlte, wie ich beim Lesen roth wurde …" (Hans Graf Wilczek war ein Dorn im Auge von Kaiser Franz Joseph und erregte Jahrzehnte hindurch seine Eifersucht. Bellac war einer der Lieblingshunde der Schratt.)

Rosl mit Haushälterin und den Haustieren der Katharina Schratt in der Gloriettegasse

Eugen Ketterl erinnert sich an seine Besuche in der Gloriettegasse: „Die Gnädige Frau bestellte mich oft zu sich in ihre Villa. Da stand dann noch auf dem Tische das Frühstücksgeschirr, und ich wurde eingeladen, auf dem Stuhle Platz zu nehmen, auf welchem noch kurz vorher Seine Majestät gesessen hatte. Bei solchen Besuchen, die ich abstattete, kurz nachdem der Monarch das Frühstück eingenommen und den Heimweg angetreten hatte, trug ich dann der Gnädigen Frau meine Anliegen vor, keine persönlichen, oh nein, sondern jene, die ich für meinen allerhöchsten Herrn auf dem Herzen hatte … Seine Gesundheit betreffend, hinsichtlich des Essens … oder daß der Kaiser diesen und jenen Gegenstand, den er dringend benötigte, bekomme … und fand stets in ihr eine treue Verbündete und Helferin."

Kaiserin Elisabeth vor der Kaiservilla in Ischl, nach einer Lithographie von F. Hanfstaengl

DIE KAISERVILLA IN BAD ISCHL

Erzherzogin Sophie hat das Gebäude im Jahr 1853 entdeckt und ihrem kaiserlichen Sohn Franz Joseph zur Verlobung mit der 16jährigen Elisabeth geschenkt. Die Kaiservilla befindet sich im ehemaligen Erdbeerparadies von Ischl, dem Jainzen zu Füßen. Der Jainzen wurde zum Schutzberg. Kaiserin Elisabeth hat ihn in Gewaltmärschen erstürmt und in Gedichten verewigt.

Die Erdbeerpflückerinnen kamen von weit und breit, um hier an den sonnigen Hängen des Jainzen Erdbeeren zu ernten, die sie dann meist der Konditorei Zauner lieferten.

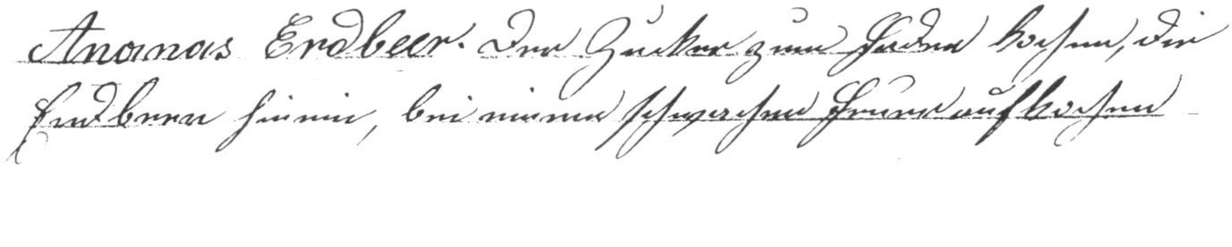
Ananas Erdbeer: Den Zucker zum Faden kochen, die Erdbeeren hinein, bei einem schwachen Feuer aufkochen

Ananas-Erdbeer-Rezept

„Erdbeermädchen" Zeichnung um 1840, im Museum der Stadt Bad Ischl

Erdbeertörtchen
nach Josef Zauner

Zutaten:

Mürbteig:
300 g Butter
150 g Zucker
450 g Weizenmehl
1 Eidotter
1 Prise Salz
Zitronenschale

Biskuitroulade:
6 Eidotter
3 Eiklar
120 g Zucker
75 g Butter
120 g Mehl
1 kleine Prise Salz
Zitronenschale
Marillenmarmelade zum Bestreichen

Zubereitung:

Maraschinocreme: kalte Vanillecreme glatt rühren, mit Maraschino abrunden und mit geschlagenem Obers strecken (2/3 Vanillecreme und 1/3 Obers).

Ausfertigung:
Mürbteig zusammenkneten und mindestens 3 Stunden kalt stellen. 2 mm dick ausrollen und die runden Förmchen (6 cm Durchmesser) auslegen, Rand exakt abschneiden und bei 170 Grad ca. 15 Minuten hellbraun backen.
In die ausgekühlten Mürbteigunterteile mit dem Dressiersack Maraschinocreme einfüllen und eine Scheibe Biskuitroulade auflegen (1,5 cm). Wiederum Maraschinocreme daraufdressieren.
Das ganze Törtchen mit halbierten Erdbeeren kuppelförmig belegen. Leicht anzuckern und mit Agar-Agar oder Tortengelee abglänzen.

TIP: Man kann den Mürbteig sowie die Biskuitroulade am Vortag machen und kalt stellen. Die Erdbeeren müssen unbedingt angezuckert werden, da sich nur so das volle Aroma entfalten kann.

Gutes Gelingen wünscht

Kaiser Franz Joseph I. vor der Kaiser-Villa in Ischl

Der Frühstückspfad des Kaisers
in Bad Ischl, der kaiserlichen Sommerresidenz

Im Sommer vertrieb sich Gigi, der Affe, in Ischl mit neckischen Spielen die Zeit: Munter warf er Zwetschken und Äpfel oder Kirschen von den Bäumen. Meist aber kletterte er in den Zweigen herum oder versteckte sich im Gebüsch, um sich plötzlich auf die Schulter eines Spaziergängers fallen zu lassen. Von recht hoch oben. – Nun kam der erlauchteste aller Spaziergänger, der Kaiser, täglich in aller Herrgottsfrüh von seiner Kaiservilla durch den Park herunter zur Ischl. Über einen Holzsteg gelangte er zum Gartentürl der Villa Felicitas, die die Schratt seit dem Sommer 1889 bewohnte.

Wie leicht hätte Gigi da eines Morgens den Kaiser höchstpersönlich als Sprungbrett benützen können! Die Gendarmen mußten also täglich bereits ganz früh morgens nach dem boshaften Tier suchen. Es mußte verhindert werden, daß sensationslüsterne Reporter und Kaiserschaumschläger Berichte wie „Kaiser Franz Joseph hat schon am frühen Morgen am Weg zu seiner Vertrauten einen Affen sitzen!" weltweit verbreiten konnten! Die Blamage für Ischl wäre nicht auszudenken gewesen! „Die Ischler tun mir eh nix!" meinte der Monarch ständig. Trotzdem waren nicht nur die Gendarmen auf Affensuche unterwegs, sondern auch die „Geheimen" (Polizei in Zivil). „Geheime" wurden in den Gehöften rund um die Villa

Felicitas – besonders gegenüber beim Farberbauern postiert. Sie saßen auch mit Blättern bedeckt im Gebüsch. So manchem braven Beamten kroch da die Feuchtigkeit vom Boden herauf und die Hosenbeine entlang – er trug ganz sicher eine Gicht davon.

Frühstückspfad von Kaiser Franz Joseph mit Geheimpolizisten

Auf das rührendste geschützt traf der Kaiser dann um 6 Uhr 30 bei seiner Seelenfreundin ein. Sie nahm den Morgengruß des Kaisers: „Küß' d' Hand, Gnädige Frau!" in perfekter Aufmachung entgegen. Der Bohnenkaffee dampfte, der Gugelhupf duftete … War er aus dem Backrohr der Schratt oder aus der Konditorei Zauner? So oder so, es hat ihm immer sehr geschmeckt!

Täglich herrschte in der Villa Felicitas ab 4 Uhr morgens Hochbetrieb. Die Köchin komponierte mit Hingabe und Fleiß den Gugelhupf. Um ihren guten Ruf als Gastgeberin nicht zu gefährden – für den Fall, daß

Villa Felicitas, jetzt die Villa Schratt.
Hier erwartete den Kaiser täglich ein frischer Gugelhupf.

er einmal mißlingen sollte –, ließ Frau Schratt vorsichtshalber täglich einen Reservegugelhupf in der Ischler Konditorei Zauner backen. Dort werkte man schon ab 3 Uhr früh, um später den schönsten von sechs Gugelhupfen in die Villa Felicitas zu liefern. Heute noch entzückt dieser Gugelhupf die Gäste der Konditorei Zauner oder, variiert als „Schrattgugelhupf", die Gäste des Haubenkochs Gaderbauer in der heutigen Villa Schratt (frühere Villa Felicitas).

Und sie sorgten für das Frühstück …

Links im Bild: Pfeifenraucherin und Saisonköchin Anna Schiffer

Links im Bild: Frau Mara, die Haushälterin (sie arbeitete 42 Jahre für Katharina Schratt), und die Ischlerinnen Elisabeth (Lisl) Lidl, Johanna Mayerhofer und Katharina Kain mit Verehrern aus der Umgebung.

Schrattgugelhupf
(von Tante Palik)

Zutaten:

500 g glattes Mehl
250 g Butter
120 g Kristallzucker oder Staubzucker
50 g gereinigte Rosinen
50 g Mandelsplitter
20 g Germ (Hefe)
1/4 l Milch (lauwarm)
3 Eidotter
1 Prise Salz
Zeste (=in feine Streifen geschnittene Schale) einer unbehandelten Zitrone
Butter zum Ausstreichen und gehobelte Mandeln zum Ausstreuen der Form

Zubereitung:

Gugelhupfform mit weicher Butter ausstreichen und Mandelblättchen einstreuen. Germ in lauwarmer Milch auflösen und Eidotter mit etwas Salz und Zitronenzeste einsprudeln. Butter mit Zucker schaumig rühren, dann abwechselnd Mehl, Germ-Eiermilch, Rosinen und Mandelsplitter untermengen, bis alle Ingredienzien aufgebraucht sind. In die vorbereitete Form Teig gleichmäßig einfüllen und ca. 1/2 Stunde zugedeckt an einem warmen, zugfreien Ort gehen lassen. Im vorgeheizten Backrohr bei ca. 160–170 Grad auf mittlerer Schiene 1 Stunde backen.

Saßen dann der Kaiser und die Gnädige Frau gemütlich vereint beim Frühstück, durfte sich die Saisonköchin Anna Schiffer, und vor ihr die Aushilfsköchin Kahls, nach Hause begeben und den Kaffeesud mitnehmen. Er war eine Rarität, denn echten Kaffee gab es für die Ischler damals

Der Milchbub vom Farberhof brachte jeden Tag die Milch und vierblättrigen Klee

Glücksklee

nur vom Hörensagen. Frau Mara, die Haushälterin (sie arbeitete 42 Jahre lang für die Schratt), und die Ischlerinnen Elisabeth (Lisl) Lidl, Johanna Mayerhofer sowie Katharina Kain blieben griffbereit. Die feschen Mädeln der Schratt, die Geheimpolizei im Gebüsch und drüben beim Milchbauern erheiterten die Burschen aus der ganzen Gegend. Sie strömten in Scharen wie zu einem ganz früh angesetzten Kirtag herbei. Der Milchbub vom Farberhof brachte aber nicht nur die frische Milch (sie war mit einem Gupf Schlagobers verziert), sondern auch vierblättrigen Glücksklee. Für jede Lieferung des Glückssymbols bekam der Bub zur Belohnung ein paar Kreuzer.

Die Schratt hielt viel auf Glücksbringer und Maskottchen und verwöhnte den Kaiser, Verwandte und Freunde mit einer Unmenge von diesem Krimskrams. Kaiser Franz Joseph ließ den Klee in der Annahme, daß er von der Schratt selbst gepflückt worden war, liebevoll montieren und rahmen.

Frau Schratt hatte ein ganz besonderes Talent für das Erzählen von Anekdoten, fürs Plauschen und Bezaubern ihrer Gäste. Beim Frühstück hat sie für viele interveniert – es hieß, daß Karrieren an ihrem Frühstückstisch besiegelt worden sind.

Einmal soll der Kaiser vor Vergnügen fast auf den Gugelhupf und frisch geröstete, in Scheiben geschnittene Powidlknödel vergessen haben. – Frau Schratt gab die Geschichte von Millöcker, ihrem alten Freund Girardi und den Ehrbegriffen der beiden zum besten: „Girardi war zur Generalprobe des Bettelstudenten nicht erschienen. Der stets nervöse Millöcker läßt ihn suchen. Man findet Girardi im Bett und schleppt ihn ins Theater. Millöcker hüpft hysterisch vorm Dirigentenpult auf und ab, während Girardi würdevoll durchs Parkett schreitet und zur Bühne hin ruft: ‚Ja, warum fangt's denn net an? So a Schlamperei woll'n ma hier net einführ'n.‘
Millöcker brüllt: ‚Du bist wohl närrisch! I an deiner Stell' käm' überhaupt net zur Prob'!‘
Darauf Girardi: ‚Des glaub' i schon, könnt' dir so passen. Du kämst net, denn du hast ja kein Ehrgefühl. I aber hab' eins und deswegen komm i und bin hier!‘ “
Girardi hatte an Katharina Schratt eine treue Freundin in allen Lebenslagen.

Kaiser Franz Joseph mit Katharina Schratt in Bad Ischl.

Alte Ansicht von Bad Ischl,
im Vordergrund die damalige Brücke zur Villa-Felicitas.

Kaiser Franz Joseph traf ihn einmal bei ihr in Ischl zur Jause mit Gugelhupf. Der sonst so redegewandte Volksschauspieler blieb stumm. –
Der Kaiser: ‚Was ist denn los mit Ihnen? Sie sollen doch der amüsanteste Mann von Wien sein! Warum sind S' denn jetzt so schweigsam?'
Girardi stockend: ‚Das ist doch kein Wunder, Majestät, jausnen Sie amal mit an Kaiser!' "

Interventionen

Des öfteren benützte die Schratt das gemeinsame Frühstück mit dem Kaiser, um die Anliegen ihrer Schützlinge vorzubringen. Für ihren alten Freund Girardi sollte sie eines Morgens sogar eine Gesetzesänderung erreichen. Seine Ehefrau, die schöne Helene Odilon, wollte den beliebten Volksschauspieler mit Hilfe eines psychiatrischen Gutachtens (es stammte von Julius Wagner-Jauregg) los werden. Ohne Kathi wäre er im Irrenhaus gelandet. Sie setzte durch, daß sich Kaiser und Parlament mit dem Fall beschäftigten. – Es kam zu einem Gesetzesentwurf zum Schutz von Privatpersonen vor gewaltsamer Internierung seitens ihrer Verwandten.

Eine Intervention für das Burgtheater beschreibt Hugo Thimig in seinem Tagebuch: „An einem schönen Aprilmorgen traf ich in der Gloriettegasse ein und fragte mich besorgt, wie man mich wohl empfangen werde. Ich wurde in die Halle geführt, von wo aus ich durch eine Glastür in das Zimmer blicken konnte, wo der Kaiser und die Schratt das Frühstück einnahmen. Ich wurde aufgefordert, mich ihnen anzuschließen, und Seine Majestät begrüßte mich so freimütig und freundlich, daß ich Mut faßte und anfing, mich wohler zu fühlen. Er bot mir eine große, in Silberpapier gewickelte Zigarre an und sagte, als er mein Zögern be-

Katharina Schratt als Maria-Theresia im gleichnamigen Schauspiel von Franz von Schönthan am Deutschen Volkstheater in Wien.

merkte, ‚Keine Sorge, wenn sie mich nicht umwirft, können Sie sie auch riskieren.‘ Dann kam er sofort zur Sache: ‚Nun also, Sie haben mir etwas zu sagen?‘

‚Vor allem, Majestät‘, begann ich, ‚den tiefgefühltesten Dank, daß ich als schlichtes Sprachrohr für die Lamentationen der Hofschauspieler dienen darf. Ich erlaube mir, Majestät, zu bemerken, daß ich ohne Mandat spreche, daß meine Ausführungen aber der Ausdruck sämtlicher Meinungen der Mitglieder des Burgtheaters sind, wenn viele auch nicht wagen würden, so zu sprechen. Das neue Theater ist so schön und herrlich.‘

‚Schön, herrlich?‘ unterbrach mich der Kaiser. ‚Das ist doch nur Einleitung. Lassen Sie uns hören, was Sie auszusetzen haben.‘

Ermutigt durch sein Interesse, fing ich an, die diversen Mängel des neuen Theaters aufzuzählen. Es sei zu groß, zu hoch. Die schwere, kuppelförmige Decke und die breiten Korridore hinter den Logen beeinträchtigen die Akustik. ‚… Die beste Lösung wäre, ein neues, kleines Theater ans Burgtheater anzubauen.‘

‚Aber man kann doch nicht so ohne weiteres ein neues Haus bauen, wo das jetzige solch ungeheure Summen gekostete hat.‘ “

Wenn auch das Thema gewechselt werden mußte, so war doch ein Anfang gemacht, und das Anliegen Thimigs sollte zu seiner und zur Zufriedenheit der Burgschauspieler bewilligt werden. –

Am 31. Dezember 1900 schildert Thimig den Konflikt der Schratt mit dem Burgtheater in seinem Tagebuch: „Die Schratt-Affaire spitzt sich, wie es scheint, unangenehm zu. Direktor Schlenther wurde zum Fürsten Liechtenstein gerufen. Dieser theilte ihm mit, daß sich die ganze Wut der Schratt jetzt auf das Burgtheater zu concentrieren scheine.“

Die Schratt konnte so vielen Menschen mit ihren Interventionen helfen, war aber in eigener Sache machtlos. Kaiser Franz Joseph hatte ihr Pensionierungsansuchen, ohne mit ihr darüber zu sprechen, akzeptiert. Sie hatte mit der Bitte, am Burgtheater zu bleiben, gerechnet. Tief gekränkt zog sie sich zurück und reiste nun wie die Kaiserin durch die Weltgeschichte. In Wien ließ sie sich nicht blicken. Der Kaiser litt, mußte aber die Bestrafung durch die Schratt hinnehmen. Die Hofkamarilla jubilierte. Da tauchte die Gnädige Frau im Januar 1901 plötzlich wieder in Wien auf. Der Jubel der Hofbeamten und Feinde schlug in Wehklagen um.

Erzherzogin Valerie notiert jetzt in ihrem Tagebuch: „Die Schratt seit einiger Zeit also hier … Papa scheint sehr froh und besucht sie wohl täglich in ihrer Wohnung. Leider scheint Papa gar nicht mehr ins Burgtheater gehen zu wollen, seit die Freundin dasselbe verlassen hat.“

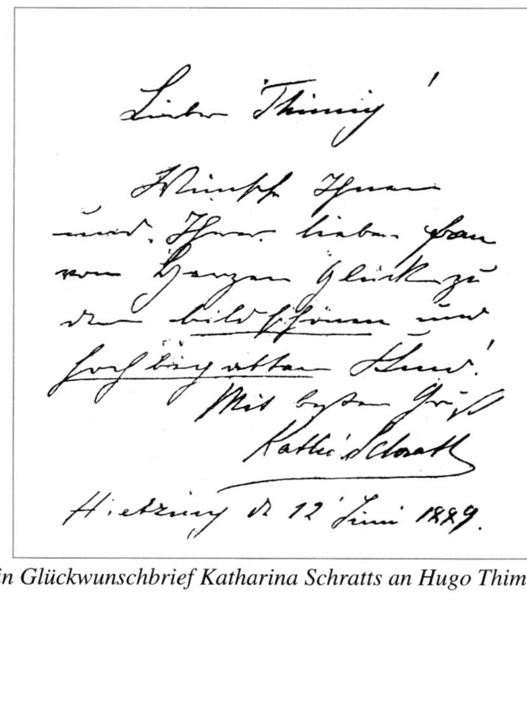
Lieber Thimig!
Wünsche Ihnen
und Ihrer lieben Frau
von Herzen Glück zu
der bildschönen und
hochbegabten Kind!
Mit bestem Gruß
Kathi Schratt
Hietzing d. 12 Juni 1889.

Ein Glückwunschbrief Katharina Schratts an Hugo Thimig

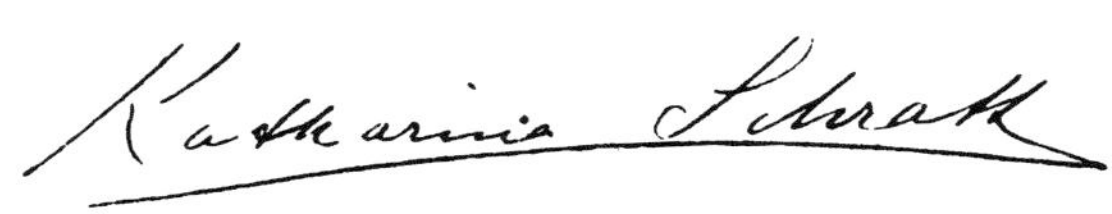

Katharina Schratt als Maria-Theresia im gleichnamigen Schauspiel von Franz von Schönthan am Deutschen Volkstheater in Wien. Im Jahr 1903 von ihr signiert.

KAISERIN ELISABETH und KATHARINA SCHRATT

Kaiserin Elisabeth hatte die gemütlichen Mahlzeiten ihres Gemahls mit der Schratt ermöglicht. Die freundschaftliche Beziehung der beiden kam ihr anfangs sehr gelegen, da sie selbst ja am liebsten auf Reisen und fern vom Wiener Hof weilte. Die Gefühle der Kaiserin für die „Freundin", die ihr ehrlich ergeben war, wurden aber im Lauf der Jahre immer zwiespältiger.
Aus einem Briefkonzept der Schratt für Kaiser Franz Joseph: *„... daß ich Sonntag die ‚Kleine Mama' spielen muß, und daß ich hoffentlich Montag früh die Reise nach Athen antreten kann ... Ich freue mich auf diese Reise ganz besonders, weil ich dadurch in die Lage komme, nicht nur E. M. zu begrüßen, sondern auch die gnädigen Hände I. M., der Kaiserin, küssen zu dürfen ..."*
Freundschaftsbezeugungen der Kaiserin und Lieferungen von Obst, Honig von der Riviera, oder Korfu und Wild aus dem ungarischen Gödöllö wechselten mit bitteren Bemerkungen gegenüber ihrer Lieblingstochter Valerie und Spottgedichten. Die Eifersucht der Kaiserin auf Katharina Schratt war zuletzt nicht mehr zu übersehen und übertrug sich auf Valerie. (Erzherzogin Valerie kehrte ihre Aversion aber erst nach der Ermordung ihrer Mutter am 10. September 1898 in Genf hervor.)
Die älteste Tochter Gisela bewahrte ihre freundliche Gesinnung für die Vertraute des Vaters ein Leben lang.

Kaiserin Elisabeth um 1867

Dein dicker Engel kommt ja schon
Im Sommer mit den Rosen.
Gedulde Dich, Herr Oberon!
Und mach nicht solche Chosen!

Sie bringt sich mit ihr Butterfaß,
Um Butter zu bereiten,
Sie macht sich mit Cognac ihre
Haare naß
Und lernt vielleicht noch reiten.

Sie schnürt den Bauch sich ins Korsett,
Bis alle Fugen krachen.
Sie hält sich wie ein Brett
Und äfft noch andre Sachen.

Im Häuschen der Rosen und Geranien
Dünkt sie sich gleich Titanien,
Die arme, dicke Schratt …

Kaiserin Elisabeth verfaßte unter dem Pseudonym „Titania" Gedichte

Die Reisen

Katharina Schratt kopierte im Lauf der Jahre Kaiserin Elisabeth mehr und mehr. Wie die Monarchin entwickelte sie eine Vorliebe für weite Reisen. Oft besuchte sie Paris, Rom oder Florenz um dort einzukaufen, Neapel um dort in einem von Kaiserin Elisabeth empfohlenen Restau-

Postkarte aus Monte Carlo

rant zu speisen. Auch Pilgerfahrten nach den Marienwallfahrtsorten Lourdes und dem österreichischen Mariazell gehörten zu ihrem Leben. Zwischendurch besuchte sie immer wieder Spielcasinos in Monte Carlo und an der Riviera. Weiter ging die Reise bis nach Ägypten.

Aus einem Briefkonzept der Schratt: *„... danke noch vielmals für die drei Telegramme, welche mir E. M. nach Cairo gesendet ... Nun reisen wir ... nach Messina, Tunis, Algier. Heute landen wir in Malta ... In Tunis bleiben wir nur zwei Tage."*

Kaiser Franz Joseph sorgte sich abwechselnd um seine Gemahlin und um die Freundin. Beide litten seiner Meinung nach am Reisefieber und waren vom Wandertrieb beherrscht. Beide liebten die Berge und die reine Luft über den Gletschern. Aber die als Bergpartien getarnten Gewaltmärsche der Kaiserin entsetzten den Kaiser; die Besteigungen österreichischer Berge durch die Schratt raubten ihm den letzten Schlaf. Für die Gewaltmärsche der beiden Damen fehlte ihm so wie für deren übertriebene Abmagerungskuren jegliches Verständnis. Ein ständiges, lebenslanges Reiseziel der Schratt blieb Karlsbad. Alle Jahre traf sie dort zur Kur ein.

Die Kuren

Zahllose Abmagerungskuren und Kuren in berühmten Heilbädern zogen sich als roter Faden durch das Leben von Kaiserin Elisabeth und Katharina Schratt. Letztere brachte auch ihren 14jährigen Sohn Toni zur Kur nach Marienbad.

Die Milchkur: Drei Tage Milch ohne Brot und Marienbader Wasser, wurde abwechselnd von der Kaiserin und der Schratt praktiziert.

Kaiser Franz Joseph spielte höchstpersönlich den Diätkurier zwischen den beiden Damen. Geduldig berichtete er von da nach dort über verlorene und wieder zugenommene Kilos. Der Kaiser selbst nahm morgens frische und nachmittags saure Milch zu sich. Er sah keinen Sinn in all den Kuren. Trotz allem blieb er verständnisvoll.

Am 29. 9. 1895 schreibt er an seine Gemahlin: „*Gestern waren wir im Tiroler Garten, wo wir die zwei neuen Kühe, Deinem Befehle gemäß, ansahen, die mir gut gefielen. Auch kosteten wir kuhwarme Milch von der Kuh aus Aix-les-Bains, die ich sehr gut fand. Es war keine Zeit, auch noch die andere Kuh melken zu lassen … aber heute nach der 7 Uhr Messe kommt von jeder der beiden Kühe eine kleine Flasche Milch zur Freundin …*“

Am 3. Juli 1893 schreibt der Kaiser an die Schratt: „*Die Kaiserin würden auch die Kilos und Gramms interessieren, mich aber gar nicht, denn ich betrachte die Wage als Unsinn und Unglück.*“

Am 17. Juli 1893 berichtet der Kaiser seiner Gemahlin aus Ischl über die Schratt: „*… sie scheint etwas magerer geworden, hat bei der letzten Wägung 1 Kilo abgenommen, … glaubt aber jetzt 2 Kilo leichter zu sein. Die Schwitz- und Abmagerungskur hat sie nur mit Maß genommen, da ihr im Schwitzkasten schwindlig wurde und da sie wegen ständigem Spielen und Proben ihre Kräfte nicht herabbringen wollte.*“

Das weltberühmte Grand Hotel „Pupp" wurde won den beiden Wiener Architekten H. Helmer und F. Fellner in den Jahren 1891–1892 umgebaut (leider wurde der Prachtbau in den siebziger Jahren abgerissen und durch einen Neubau ersetzt).

1894: Die Schratt versucht eine Massagekur mit dem Masseur der Kaiserin,

1895: eine Sonnenätherkur.

1896: Gleichzeitig quälen sich die Kaiserin und die Schratt mit einer Sandkur.

Am 8. September 1897 sorgt sich der Kaiser in einem Schreiben an die Kaiserin: „... *Es wäre doch schrecklich, wenn Du, nach den traurigen Erfahrungen, welche Du mit den Dampfbädern gemacht hast, wieder eine neue, ähnliche Kur unternehmen und auch die Freundin, die jeden medizinischen Unsinn mitmacht, mit ins Verderben stürzen würdest!*“

Aus einem Briefkonzept von Katharina Schratt aus Karlsbad für Kaiser Franz Joseph: „... *die Sehnsucht, E. M. endlich wieder sehen zu können, nimmt jetzt schon jeden Tag fürchterlich stark zu, sodaß ich das Ende meiner Kur kaum erwarten kann. Am fünften July dampfe ich aber von hier ab, übernachte in Ischl und bin am sechsten July in Frauenstein, wo ich nichts zu thun haben werde, als stündlich die nun so sehr ersehnte Ankunft E. M. zu erwarten ...*“

Ebenfalls aus Karlsbad dankt Katharina Schratt dem Kaiser: „... *Tausendmal danke ich für die beiden entzückenden himmlischen Briefe E. M. und erlaube mir zu wiederholen, daß E. M. ein ‚Oberengel‘ waren und durchs ganze Leben bleiben. Eben, als ich meinen letzten Brief zur Post gebracht, erhielt ich den Brief E. M. vom fünfzehnten und gestern vom einundzwanzigsten. Das beglückende Gefühl, welches ich jedesmal empfinde, wenn ich einen Brief von E. M. empfange und lese, kann ich unmöglich beschreiben. Für den Verlauf meiner Kur sind solche gütigen Beweise von E. M. Gnade natürlich das Aller- allerbeste und weitaus heilkräftiger als alle Sprudel oder Schloßbrunn der Welt ... wenn ich so durch die Wälder streife, dann versetze ich mich in meiner Sehnsucht in ein ganz anderes Kronland E. M., an die Ufer eines schönen Sees, und stelle mir vor, daß ich schon im Juli das Glück habe, an der Seite E. M. einherzugehen ... daher kann ich mich nur mit der Erinnerung an*

Kurgäste von anno dazumal stehen Schlange um das Karlsbader Wunderwasser

Schönbrunn, Lainz und vor allem an Frauenstein trösten und muß geduldig warten, bis meine Kur beendet ist. Am fünften July dampfe ich von hier ab, übernachte in Ischl und bin am sechsten in Frauenstein, wo ich nichts mehr zu wünschen übrig habe."
Meist hielt sie die vorgeschriebenen drei Wochen durch. Die Heimreise fand aber oft schon wieder in Begleitung einer Torte statt.

KATHARINA SCHRATT, ihr FREUNDESKREIS und das SACHER

Gerne erzählt man im Hotel Sacher von Katharina Schratt und zeigt das Tischtuch mit der Unterschrift von Kaiser Franz Joseph, um die sich berühmte Namen ranken. Die Unterschrift des Kaisers kam nur auf die Fürbitte der Gnädigen Frau hin zustande: Der Kaiser hat nach einigen Skandalen, die Mitglieder des Erzhauses verursacht haben, das Hotel Sacher nicht mehr betreten. Er war verärgert.

Die Schratt speiste gern im Hotel Sacher. Abends, nach den Vorstellungen im Burgtheater, traf sie sich mit Kollegen, manchmal hatte sie ein Rendezvous zu früherer Stunde.

Aus einem Briefkonzept: *„... es war nicht sehr lustig, aber auch nicht traurig, das Dejeuner beim Sacher – es ging ziemlich ruhig vorbei – mein Befinden ist jetzt schlecht und gerade heute muß ich wieder spielen ... der Magen wurde – glaube ich – nicht verdorben.“*

Ganz sicher hat Frau Anna Sacher nie von einem solchen Brief ihres Stammgastes Schratt erfahren. Das Bild der Burgschauspielerin wäre sofort aus ihrem Arbeitskabinett entfernt worden.

Im Sacher wurde hohe Politik hinter den Kulissen und bei erlesenen Gerichten gemacht.

Man stärkte sich hier vor der Hoftafel, bei der die Geladenen nie zum Essen kamen. Der Kaiser konnte sein Besteck zur Seite legen und einen

der Geladenen ansprechen. Die Hofetikette verlangte es, daß der Angesprochene sofort mit dem Essen aufhört.
Im Sacher fanden auch kulinarische Unterredungen mit einem anderen Gourmet, dem ungarischen Magnaten Nikolaus von Szemere, statt. Der grell und exzentrisch gekleidete ungarische Magnat residierte im ersten Stock der Nobelherberge. Er galt als märchenhaft reich und war wie die Schratt ein leidenschaftlicher Spieler. Allerdings streifte er beim Bakkarat und Roulette hohe Gewinne ein, während die Schratt immer wieder große Verluste hinnehmen mußte. Bei den Besprechungen zwischen ihm und der Schratt ging es um Spiel, Küchen- und Kellergeheimnisse. Szemere war ein Weinkenner und beriet die Schratt.

Adalbert Graf Sternberg wurde wie Szemere als Enfant terrible des Alten Österreich bezeichnet. Der Sproß eines alten Adelsgeschlechts und Vertreter Nordböhmens attackierte wiederholt im Parlament hohe Hofbeamte und Würdenträger. Er nannte das Parlament einen „Misthaufen" und die ganze Monarchie „korrupt und heruntergekommen".
Der Kaiser kränkte sich über die Schmähungen des Grafen Sternberg, konnte ihn aber nicht degradieren, da er bereits ohne Charge war. Die mit dem Kaiser fühlende Schratt nahm Sternberg eines Tages in einem der kleinen Sacher-Salons bei einem Déjeuner mit Burgunder ins Gebet; sie schenkte ihrem Gast ein Glas Burgunder nach dem anderen ein, plauderte mit ihm über sein noch unveröffentlichtes, neues Werk: „Die Agonie des Habsburger Hofes" und kam schließlich auf den Punkt. Sie nahm ihm sein Ehrenwort ab, den Kaiser mit Schmähreden und -schriften künftig nicht mehr zu beleidigen. Als Gegenleistung sollte er durch ihre Intervention binnen drei Monaten seine Offizierscharge zurückerhalten. Sie hatte den Widerspenstigen gezähmt.

Im Dezember 1908 stellte er sich in der Gloriettegasse als Rittmeister der Ulanen vor.
Nach dem Ersten Weltkrieg – bei Regierungsantritt von Karl Renner – wurde der Adel abgeschafft. Sternberg tauchte wieder in der Gloriettegasse auf, diesmal mit einer funkelnagelneuen Visitenkarte:

ADALBERT STERNBERG
Aus dem Hause des Grafen von Sternberg,
Geadelt von Karl dem Großen,
Entadelt von Karl Renner.

Hugo von Hofmannsthal verewigte Sternberg im „Rosenkavalier“ als Baron Ochs von Lerchenau.
Graf Sternberg war übrigens der Ansicht, daß die Schauspielerin mit ihren Geschichten, die sie dem Kaiser mit den Speisen auftischte, die Lügen der Hofkamarilla korrigieren konnte. So wie Eugen Ketterl, der Leibkammerdiener des Kaisers, war Sternberg überzeugt, daß der Kaiser von jemandem die volle Wahrheit hören wollte. Er verglich die Erzählungen der Schratt mit den Berichten seiner Hofbeamten.

Auch der Walzerkönig Johann Strauß Sohn war Stammgast im Sacher. Er hielt dort Hof und genoß die Tafelfreuden im Kreis von Freunden bei französischem Champagner.
Festessen im engsten Freundeskreis fanden bei ihm in der Igelgasse 4 (jetzt Johann Straußgasse im vierten Wiener Gemeindebezirk), in der Ischler Strauß-Villa (sie wurde mittlerweilen leider abgerissen) oder bei Kathi Schratt in der Gloriettegasse statt. Alexander Girardi, Johannes Brahms, Ludwig Ganghofer, Anton Rubinstein und andere zählten zu

diesem Kreis. Der musische und witzige deutsche Botschafter Philipp Graf Eulenburg fühlte sich in der Gloriettegasse wie zu Hause. Er war immer mit dabei. Seine Anekdoten wurden von der Schratt als Seelenproviant für Kaiser Franz Joseph gesammelt …

Johann Strauß (Sohn) 25. 10. 1825 - 3. 6. 1899, Wien. Seine zahlreichen Walzer wie z.B. „An der schönen blauen Donau", „Wiener Blut" und Operetten wie „Der Zigeunerbaron", „Die Fledermaus", „Eine Nacht in Venedig"wurden zu Welterfolgen.

Für Johann Strauß, der Katharina Schratt auch in der Spielleidenschaft verbunden war, gab es in der Gloriettegasse stets kulinarische Überraschungen: Forellen, Krebse, Gänseleber, sowie Schnepfen mit Schwarzkirschen, dazu seinen Lieblingschampagner, Georges Goulet demi sec.

Es wurde musiziert – Rubinstein bearbeitete dabei das Klavier in der Strauß-Villa wie ein Löwe – und tarockiert. Es gab ausgelassene, laute Feste und ernste Diskussionen. Dem schwerblütigen Brahms widmete Strauß den Walzer „Seid umschlungen, Millionen" (Uraufführung am 27. März 1892 im Wiener Musikverein).

Johannes Brahms

In Ischl komponierte Strauß am liebsten bei strömendem Regen. Er meinte: „Jetzt erst wird's in Ischl schön! Die Leute verlieren sich, und, wie ich höre, wird's nicht mehr aufhören zu regnen." Der Tod von Brahms im Jahr 1897 erfüllte die Freunde mit Schmerz. Alexander Girardi war sowohl mit dem Walzerkönig als auch mit der Schratt besonders eng befreundet. Mit der Schratt hatte Girardi im Sommer 1878 eine Romanze, die fast zu einer Verlobung geführt hätte, wenn nicht der feurige Ungar Nikolaus Kiss de Ittebe Katharina Schratt im folgenden Frühling den Kopf verdreht hätte. Girardi galt als genialer Charakterkomiker und wurde für Strauß als komischer jugendlicher Tenor in seinen Operetten unentbehrlich. „Die Presse" im März 1883: „Heute ist das Operettenrezept der Wiener Theater sehr einfach: Man nehme einen Girardi, gieße ein Couplet herein, und der Erfolg ist fertig…"

In einem Schreiben stellte Strauß fest, daß auf den Schultern Girardis nicht nur das Los aller seiner Operetten, sondern auch das Schicksal des

Theaters an der Wien ruhte. Als Komiker „Frosch“ beherrschte er souverän den 3. Akt in der Strauß-Operette „Fledermaus“ Die Uraufführung fand am 5. April 1874 im Theater an der Wien statt.

Triumphale Erfolge sollte Girardi auch als Koloman Zsupan in der Strauß-Operette „Zigeunerbaron“ in Wien und später am Ischler Kurtheater feiern.

„Eine Nacht in Venedig“, „Fledermaus“ und „Zigeunerbaron“ wurden zu Welterfolgen.

Girardi als Schweinefürst Zsupan in der Strauß-Operette Zigeunerbaron

Den 1889 im Berliner Etablissement „Königsbau“ uraufgeführten „Kaiserwalzer“ widmete Strauß dem Kaiser Franz Joseph. Im Frühsommer 1899 spielte er ihn bei einem Sommerfest in der Gloriettegasse mit besonderer Hingabe.

Es sollte sein letztes Aufspielen im Freundeskreis sein. Am 3. Juni 1899 starb der Walzerkönig. Mit vielen anderen gaben ihm Katharina Schratt und Alexander Girardi das letzte Geleit. Sein Ehrengrab an Wiener Zentralfriedhof liegt dicht neben jenem seines Freundes Brahms.

ZEITZEUGEN

Johanna Ingalls-Cooper, Jugendbildnis

Zeitzeugin JOHANNA INGALLS-COOPER (Tochter von Rosl Schratt und Großnichte von Katharina Schratt) hat die Torturen vor dem „Feiertagwünschengehen“ in lebhafter Erinnerung: „Wir Kinder wurden herausgeputzt, ehe wir zu Tante Kathi gehen durften – es wurden Löckchen gedreht, weiße Strümpfe an- und wieder ausgezogen, weil sie schon die ersten Schmutzflecken erhalten hatten. Ich hatte vom stundenlangen Kämmen Kopfschmerzen. Dann wurde mir ein Glückskleestöckerl in die Hand gedrückt und es ging los. Vor der Eingangstür im Palais am Kärntnerring saß der ausgestopfte Schweißhund. Er sah ganz echt aus, ich habe ihn gern gestreichelt.“

Ein besonderes Weihnachtsgeschenk der Schratt für ihre Nichte Rosl war die Libellenbrosche (einst ein Geschenk des Kaisers für seine Freundin). Sie wurde verkauft. Mit dem Erlös konnte eine Wohnung in der Wiener Innenstadt erworben und renoviert werden.

„Meine Mutter Rosl war die Lieblingsnichte von Katharina Schratt (Tochter von Bruder Heinrich), und wurde mit uns zu Festessen geladen, wenn es Wild aus Gödöllö gab.“ Johanna Ingalls-Cooper erinnert sich an derlei Festessen bei Großtante Katharina: „Für uns Kinder war jede Einladung ein Schock! Man servierte uns wie den Erwachsenen Aperitifs, die wir nicht kannten. Im Nu waren wir beschwipst, da wir zu Hause natürlich nie alkoholische Getränke erhielten. Ehe wir zu essen beginnen durften, ging die Tür auf, und eine Meute wild kläffender Hunde stürzte los auf die Futternäpfe, die, von weißen Servietten umrahmt, auf dem Boden bereit standen. Meine tierliebende Großtante hatte sie alle irgendwo aufgelesen und kontrollierte nun mit strengen Blicken, ob alle gleich viel Futter hatten. Um uns herum drehte sich alles … die Teller, der Tisch, und französische Worte, die wir nicht verstanden, schwirrten durch den Raum. Aus einem Winkel kreischte ein uralter Papagei den Namen der Haushälterin: ‚Mara! Mara!‘ “

Rosie Müller-Schratt 9 Monate alt,
Rosa Müller-Schratt 36 Jahre und
Hanni Müller-Schratt 2 Jahre alt, Wien 1921

Gigi, der Affe, soll – abgesehen von seinen Ausflügen ins Gebüsch der Umgebung – auch im Haus nicht untätig gewesen sein: Er versteckte sich mit Vorliebe im Toilettenraum und lauerte hier auf Gäste in Not. Wollte jemand seine Notdurft verrichten, zog Gigi blitzschnell die Spülung. Der Schreck seines Opfers bereitete ihm Vergnügen. Er hüpfte ausgelassen auf und ab.

„Sehr gut erinnere ich mich auch an Onkel Toni, er war mein Brautführer. Damals war er bereits über 60. Ich hatte eine lange Schleppe und bin fast gestolpert! Es erschien mir ganz natürlich, daß ich mich eine Sekunde lang an ihn klammerte, um nicht hinzufallen. Er war aber irritiert und sagte eiskalt: ‚Immer gibt es Schwierigkeiten mit den Frauen!' Nach der Trauung verschwand er sofort in seinen Jockey Club. Er ließ sich nicht mehr blicken Ein Snob vom Scheitel bis zur Sohle.– Er war geprägt von dem Luxus, mit dem er schon als Kind umgeben war!"

„Meine Mutter hat ihre Tante Katharina sehr verehrt und leidenschaftlich gern kopiert! Kochrezepte, Schützlinge, Haustiere – wir haben ihr alles nachgemacht. Ein Papagei namens Lora hat sich in unserem Haushalt breit gemacht. Lora war ebenso boshaft wie Gigi, der Affe von meiner Großtante. Sie saß gern auf dem Fensterbrett und beobachtete die Straße. Wenn ein Polizist vorbeikam, fing Lora an zu singen: ‚Gott erhalte, Gott beschütze' – dann lange Pause – ‚Lora!' Das war Majestätsbeleidigung! Der Polizist kam also zu uns herauf und rügte meine Mutter. Meine Mutter verteidigte sich und beteuerte, daß der Papagei gesungen hat. Sie flehte Lora um das Lied an. Aber Lora schwieg sich aus. Der Polizist kassierte eine Geldstrafe. Lora spielte uns diesen Streich immer wieder.

Einmal versuchten wir, Lora wenigstens für ein paar Tage los zu werden. Wir brachten sie in die Gloriettegasse. Nach einigen Stunden bereits kam ein Anruf von der Haushälterin, Frau Mara: ‚Bitte holt's euern Papagei wieder ab! Der zerrupft unseren!' "

Lora

Rosl Schratt wurde 1885 im Badener Schratt-Haus geboren, wuchs aber auf dem mit Hilfe ihrer Tante Katharina gekauften Gut in Kärnten auf. Als Zwanzigjährige zog es sie in die Nähe der von ihr bewunderten Tante nach Hietzing, wo sie sich ganz allein Arbeit und eine Wohnung beschafft hat. Ohne jegliche Zeugnisse wandte sie sich mit den Worten: „Ich habe eine gute Handschrift und kann gut rechnen!" an den erstbesten Bankdirektor. Sie wurde eingestellt und konnte sich und der ganzen Familie so ihre Durchschlagskraft beweisen.

Wie Tante Katharina hatte auch ihre Nichte Rosl Krisen in der Ehe anstatt Eheglück. Sie hat bei der Erziehung ihrer Kinder Tante Katharina nicht kopiert, sondern sie zu Sparsamkeit und zur Disziplin erzogen. Im Jahr 1951 ist sie verstorben.
Katharina Schratts Sohn Toni, der mit Hilfe des Kaisers an der Wiener Eliteschule Theresianum und anschließend in den diplomatischen Dienst aufgenommen wurde, hielt nichts von der Theaterwelt seiner Mutter. Er sorgte sich ausschließlich um seine Karriere und wollte Mitglied der sogenannten „ersten" Wiener Gesellschaft sein.

GEDENKBLATT

zur Erinnerung,

daß ich Theresia Schratt

von Sr. Exzellenz dem Hochwürdigsten Herrn Dr. **Franz Kamprath,** Tit.-Bischof von Stadia, Weihbischof und Generalvikar von Wien,

am 3. Junius 1936

zu St. Stefan in Wien

das hl. Sakrament der Firmung empfangen habe. Als Pat.in ist mir beigestanden Frau Baronin Katharina v. Kiss geb. Schratt.

Die Herabkunft des heil. Geistes.

„Und es wurden alle mit dem heil. Geiste erfüllt und fingen an, in verschiedenen Sprachen zu reden." Apostelg. 2, 4.

Die Firmungsurkunde für Theresia Schratt, ausgestellt in St. Stephan, Wien, weist Baronin Katharina von Kiss, geb. Schratt, als Patin aus.

RESERL SCHRATT (72 Jahre), eine Enkelin von Katharinas Kärntner Bruder Heinrich, erinnert sich an ihre Firmung in Wien: „Ich war zwölf, mein Bruder Hans 14, als uns Großtante Katharina nach Wien ins Hotel Bristol bringen ließ. Wir waren von dem Prunk ganz benommen und verschüchtert. Außer uns beiden Familienmitgliedern waren beim Firmungsessen in der Gloriettegasse wie zuvor bei der Firmung noch elf arme Kinder aus Ischl und Wien eingeladen. Hinter jedem Kind stand ein Livrierter, um uns die Speisen zu reichen. Es gab Backhendl, Schnitzel, Salat und Wein dazu. Zum Gedeck gehörten auch Fingerschalen. Als Nachtisch hatten wir Eis. Aufgetaut sind wir Firmlinge dann erst im Prater. Da fühlten wir uns frei. Als Proviant hatten wir von der Großtante Blechbüchsen mit Bonbons erhalten. Auf mein Firmungsgeschenk, eine wertvolle Brosche mit Veilchen und die passenden Armreifen dazu, war ich sehr stolz. Mein Bruder hat die erste Zigarette seines Lebens rauchen dürfen! Seltsamerweise war ihm nicht einmal schlecht dabei. Fünf Jahre nach unserer Firmung ist die Großtante gestorben.“

Franz Müllegger mit Schwester Franziska, Bad Ischl

FRANZ MÜLLEGGER, Altbürgermeister, feierte im Dezember 1997 seinen 90sten Geburtstag in Ischl. Er erinnert sich gern an die Wege, die er mit seiner Schwester Franziska gegangen ist, um seinem Vater das Essen zu bringen: „Der Vater war Stabstrompeter, Korporal! Wenn der Kaiser in Ischl war, mußte er die Wege bewachen – die Spazierwege der Kaiserin und den Weg des Kaisers zu seinem Bodenstand! Meist ham s’

Korporal Alois Müllegger bewachte die Parkwege für Kaiser Franz Joseph, Bad Ischl

Gamsen g'schoss'n! Wir Kinder ham ihm den Schmarr'n, unser Hauptspeis' (Mehl, Milch, Eier), oder Topfen- und Apfelstrudeln 'bracht. Nacha hamma uns in Kaiser sein Sitz einig'setzt. In Bodenstand eini. Natürlich hamma net g'wußt, daß der Platz dem Kaiser g'hört! Der Vater hat uns erwischt und uns die Besitzverhältnisse erklärt.

Fleisch hat's bei uns nur amol de Woch'n gem. Im Sommer und im Herbst ham wir Kinder uns des Obst von de Bam oba g'hoid! Zwetschken,

Äpfel, Kirschen! Der Affe von der Frau Schratt hat viel heruntergebeutelt von de Bam, wenn er wieda amol auskomman is aus sein' Käfig! Ja, und der Käfig war alleweil leer! Leer und mit ana offenen Tür! Jahrelang, a wia die Frau Schratt und der Kaiser nimma kumman san, is der Käfig leer und mit dera offenen Tür bei uns in Ischl stehen bliem'!

Der Weg, den der Kaiser zur Schratt gangen is, den hod a jeda kennt' bei uns, oba seng' loss'n hod si da Kaiser nie! Er hod a nie mit uns Kinda von de ärmeren Leut' g'red't! Nur mit de Kinder aus de Bürgerfamilien, die ihm die Blumen reich'n hom dürf'n! Auch mit'n Milchbuam vom Farberhof, der der Schratt die Milch geliefert hat, hat er nie gesprochen! … Unfreiwillig hat er mit'n Schmied sein depperten Buam amol g'red't! Der Schmied hat einen Hauf'n Kinder g'habt, und ana von de Buam woa deppert! Wia der Kaiser zu sein Frühstück in die Villa Felicitas zur Schratt gongan is, hat er an der Schmied' vorbei miass'n. Der Schmied hod also sein depperten Buam in da Fruah immer einig'sperrt, damit er den Kaiser net belästigen kann. Aber amol is der Bua auskumman und hat sich auf'n Weg hing'hockt. Der Kaiser kummt, und da Bua streckt die Hand um Geld aus. Der Kaiser lächelt mild und sagt: ‚Mein Kind, ich habe nie Geld bei mir!' Da sagt der depperte Bua: ‚Also, Herr Kaiser, nocha bist a lob' so wia i!' " (lob = pleite)

Man abonniert durch die Postanstalt:
a) im internen Dienst unter Nr. 941
b) im internationalen Dienst unter Nr. 3752.

Österreichs
Illustrierte Zeitung

Man abonniert durch die Postanstalt:
im Verkehr mit dem Auslande (mit Ausnahme Deutschlands) unter Nr. 712.

Preis pro Heft 75 h, mit Kunstbeilage K 1.—
½jährig K 7.—, Deutschland Mk. 7.50, übriges Ausland Frcs. 10.—

Erscheint wöchentlich.
Verlag Jakob Philipp, Wien,
VI., Barnabiteng. 7 u. 7 a. — Telephon 7319.

Modernes Familienblatt mit den Monatsbeilagen: KUNST-REVUE, GALERIE ÖSTERREICHISCHER MALER und MODEN-REVUE.

sendung jeder Art ohne Garantie und nur gegen Rückporto. — Akzeptierte Einsendungen ohne Honorarangabe werden nach unserem Tarif berechnet. — Alle Rechte bezüglich Text und Illustrationen vorbeh
Eine Gewähr für die Besprechung unverlangt eingelaudter „Rezensionsexemplare" wird nicht geleistet und diesbezügliche Reklamationen bleiben unberücksichtigt.

XXVI. Jahrgang | Erscheint jeden Sonntag. | Wien | Sonntag, 15. Oktober 1916. | Heft 3.

Zum Besuche des Königs von Bulgarien bei der Thronfolger-Armee.

Frühstück im Felde: 1. König Ferdinand von Bulgarien. 2. G. d. K.Erzherzog Karl Franz Josef. 3. Generaloberst v. Köves. 4. Kronprinz Boris von Bulgarien.

RÜCKBLENDE

Es wäre unangebracht, nach all den delikaten Rezepten zu meinen, die Schratt hätte nur ans Schlemmen mit erlauchten Freunden und Künstlern gedacht.
Sie fütterte ein Leben lang Menschen und Tiere, die in Not geraten waren, und beschenkte sie großzügig.

Für den Tierschutz hat sie sich bis zuletzt engagiert und während des Ersten Weltkriegs errichtete sie ein Offizierslazarett. Die Zubereitung der Mahlzeiten für die Verwundeten überwachte sie persönlich. Viele verarmte Kollegen von der Bühne betreute sie nach dem Ersten Weltkrieg und entzückte sie mit Riesenplatten aus der Konditorei Demel.

Katharina Schratt war berühmt für ihre Blumengeschenke: Veilchen im März und Rosen im Sommer. Zwei letzte weiße Rosen aus dem Gewächshaus in der Gloriettegasse lagen am 21. November 1916 auf dem Totenbett vom Kaiser Franz Joseph.

Es wurde aber in den letzten Jahren ihres Lebens im Palais Kärntnerring 4 (heute das Karajanzentrum) recht still um die Freundin des Kaisers von einst. Der letzte getreue Verehrer war König Ferdinand von Bulgarien. Der in seiner Jugend als labil und verweichlicht belächelte Koburger hatte als einziger Monarch sein Vermögen ins Exil gerettet. Er besuchte die Schratt bis zuletzt und brachte, wie früher, königlich kostbare Geschenke mit.

Kalbsragout 6 Personen

2 ℔ Kalbfleisch vom Brust Rücken oder Schulter werden gekocht ist es fast weich dann nimmt man 2 Suppenlöffel voll Butter, ist diese in einer großen Kasserolle gelb dann giebt man eben so viel ohngefähr, Mehl dazu, läßt es gut braun werden giebt fein gehackten Zwiebel u Petersilien grün hinein, gleich darauf einen fein gehackten Häring 1 Lorbeerblatt u das leicht abgeriebenen Gelben einer ganzen Citrone, ein wenig Pfeffer läßt alles eine wenig anlaufen u rührt dann Suppe dazu soviel man Sauce haben will, nachdem es gut aufgekocht, giebt man das in Handtellergroße u dicke Stücken geschnittene warme Fleisch hinein u läßt es recht verdeckt an der Seite langsam ¼ Std. ziehen. Die übrige Suppe giebt die Suppe.

DAS KOCHBUCH

Russische Suppe

Zuerst bereit die Suppe mit Mehl anbräunt und Muskatnuß Gewürz Nelken Lorbeerlaub.

Dalwick Suppe

Mit Semmelbrösle die gewaschene fein [illegible] mit Suppe aufkochen und etwas Weile kochen und mit Obers und Eiern legiren

Borsch ala Russische

6 rothe Rüben schneiden 2 Maß Wasser dazu damit in Ganslfett dünsten mit 6 Eidottern ein Seidl Rahm legiren auf kochen lassen geschnittenen & Pfeffer Gewürznelken in Würfeln

SUPPEN

Grüne Frühlingssuppe

Zutaten:

70 g Petersilie
70 g Sauerampfer
70 g Blattspinat
70 g Kerbel
2 Bund Schnittlauch
50 g Butter
1 kleine Zwiebel (fein gehackt)
1,2 l Gemüse- oder Hühnerfond
2 Eidotter
2 EL Sauerrahm
Salz, frisch gemahlener Pfeffer und Muskat

Zubereitung:

Schnittlauch und Zwiebel fein schneiden. Alle übrigen Kräuter nicht zu fein hacken. Gemeinsam in Butter anschwitzen, mit dem Fond aufgießen und ca. 10 Minuten köcheln lassen. Abschmecken mit Salz, Pfeffer, und Muskat. Eidotter mit Sauerrahm versprudeln und in die nicht mehr kochende Suppe einrühren. Heiß auftragen.

Kräftige Fleisch-Gemüsesuppe

nach Rosl Schratt

Zutaten:

150 g mageres Rindfleisch (grob faschiert)
300 g Gemüse quer durch den Gemüsegarten – Porree, Karotten, gelbe Rüben, Kohl, Zeller, Kohlrabi, je nach Saison (fein nudelig geschnitten)
1 mittelgroße Zwiebel
50 g Schweineschmalz
1 EL Reis
2 EL glattes Mehl
1,5 l Wasser
Salz und Pfeffer aus der Mühle
2 EL Petersilie (gehackt)

Zubereitung:

Zwiebel und faschiertes Rindfleisch in Schmalz anrösten, geschnittenes Gemüse und Reis beigeben, ein wenig weiterrösten, mit Mehl stauben und mit Wasser aufgießen. Aufkochen und auf kleinem Feuer 20 Minuten köcheln lassen. Mit Salz und Pfeffer würzen und abschmecken. Mit Petersilie bestreuen und auftragen.

Habsburger Suppe
Kleine Erdäpfelnockerln als Einlage

Zutaten:

1 l klare Hühnersuppe
150 g gekochtes Hühnerfleisch (Keulen)
60 g Butter
60 g glattes Mehl
150 g Champignons
150 g frische oder Tiefkühlerbsen (überbrüht und passiert)
1/8 l Obers
2 Eidotter
Salz, Muskat, Pfeffer aus der Mühle

Zubereitung:

Von Butter und Mehl wird eine helle Einmach hergestellt, mit Hühnersuppe aufgegossen und ca. 1/2 Stunde auf kleinem Feuer gekocht.
Champignons in Würfel und Hühnerkeulenfleisch klein schneiden, in Butter anschwitzen und der Suppe beigeben. Zum Schluß passierte Erbsen mit Obers und Eidotter absprudeln und die Suppe vollenden. Mit Salz, Muskat und Pfeffer abschmecken. Die Suppe nicht mehr kochen lassen, sonst flockt das Eigelb aus.

Zutaten Einlage:

200 g mehlige Erdäpfel (gekocht und passiert)
30 g Butter
1 Ei
1 EL glattes Mehl
1 EL Parmesan
Fett zum Backen

Zubereitung:

Die Erdäpfel werden gekocht und heiß passiert. Butter schaumig rühren, das Ei, Mehl, Parmesan und die Erdäpfelmasse beigeben, gut abmengen, in heißem Backfett oder Öl mit einem Kaffeelöfferl kleine Nockerln formen und goldgelb herausbacken. Der Suppe als Einlage beigeben.

Suppe von Flußkrebsen
für Johann Strauß

Zutaten:

Zutaten für 4 Personen:
24 Stück Flußkrebse
1/2 l Welschriesling
1 mittelgroße Zwiebel
2 Lorbeerblätter
1 kleines Sträußchen Petersilie
1/2 l heller Gemüsefond oder Rindsuppe
60 g Butter
60 g glattes Mehl
80 g Butter zum Anrösten der Krebsschalen
5 cl feiner Cognac
1/8 l Obers
Salz, Cayennepfeffer

Diese Suppe kann auch aus Hummer oder Langustinen hergestellt werden.

Zubereitung:

Die Krebse kalt waschen und in Weißwein mit Zwiebel, Petersilie und Lorbeerblättern 10 Minuten überbrühen.
Nach dem Kochvorgang die Krebse herausheben, die Schwänze aus der Schale lösen und den Darm entfernen. Das Übriggebliebene, wie Kopf, Scheren usw., in einem Mörser gut zerstoßen und mit Butter in einem Topf gut anrösten. Mit dem durchgeseihten Kochsud und dem Gemüsefond aufgießen und ca. 15 Minuten kochen lassen. Anschließend durch ein Passiertuch seihen und kalt stellen.
Butter in einem Kochtopf leicht erhitzen und die ausgelösten Krebsschwänze kurz anschwitzen, mit Mehl stauben, durchrösten und mit dem kalten Fond samt oben schwimmender Krebsbutter und Cognac aufgießen und 10 Minuten leicht köcheln. Mit Salz und Cayennepfeffer abschmecken und mit Obers vollenden.

Fastensuppe
volkstümlich

Zutaten:

50 g Bohnen (über Nacht in Wasser einweichen)
50 g Erbsenmehl
50 g feines Rollgerstl
50 g Margarine
300 g speckige Erdäpfel (kleinwürfelig geschnitten)
40 g Schwarzbrot (vom Vortag, kleinwürfelig geschnitten)
1 mittelgroße Zwiebel (fein geschnitten)
1 Bund Petersilie
2 l Wasser
Salz
1 Spritzer Essig

Zubereitung:

Die eingeweichten Bohnen, Rollgerstl, Erbsenmehl und Erdäpfelwürfel werden in ca. 2 l Wasser weich gekocht. Unterdessen wird das Schwarzbrot mit Zwiebel und Petersilie in Fett angeröstet und in die Suppe gegeben.
Einige Minuten auf kleinem Feuer weiterköcheln lassen und mit Salz und einem Spritzer Essig abschmecken.

FLEISCHGERICHTE

Gesottener Tafelspitz

mit Apfel- oder Mandelkren

Zutaten: für 6 Portionen

1,5 kg Tafelspitz
500 g Fleischknochen (davon 2–3 Markknochen)
200 g Wurzelwerk (Karotten, gelbe Rüben, Zeller, Petersilwurzeln, Porree und Zwiebeln)
1 TL Pfefferkörner
2 Lorbeerblätter
1 Zehe Knoblauch
2 Nelken
1 TL Wacholderbeeren
3 L Wasser
Salz und geriebene Muskatnuß

Zubereitung:

Die vom Fleischhauer nußgroß gehackten Fleischknochen werden gewaschen, in kochendem Wasser überbrüht und in kaltem Wasser abgeschreckt.

Die Knochen mit 3 l Wasser aufsetzen, zum Sieden und abschäumen. Den abgespülten Tafelspitz in die Brühe einlegen. Je nach Qualität erfordert der Tafelspitz bei gleichbleibendem Siedepunkt eine Garzeit von 2–3 Stunden. Nach der halben Garzeit werden die Geschmackstoffe bzw. das gewaschene und geschälte Wurzelwerk mitsamt den Gewürzen beigegeben und die Suppe mit Salz und geriebener Muskatnuß abgeschmeckt.

Den Tafelspitz gegen die Faser in Tranchen schneiden und mit Markscheiben und dem mitgesottenen Gemüse hübsch anrichten.

Die klare, gute Rindsuppe wird abgeseiht.

Apfel- und Mandelkren

Zutaten: Apfelkren

3 mittelgroße, süß-säuerliche Äpfel
2 EL frisch gerissener Kren
Saft einer Zitrone
1 TL Staubzucker
1 Prise Salz

Zubereitung:

Die Äpfel schälen, entkernen und zügig durch eine feine Raffel reißen. Den Saft einer Zitrone untermengen, mit Salz und Staubzucker abschmecken und mit dem gerissenen Kren vermischen.

Zutaten: Mandelkren

20 g Butter
20 g glattes Mehl
1/8 l Milch
1/8 l Obers
Salz, Kristallzucker
2 EL frisch gerissener Kren
10 g Butter
20 g Mandeln (geschält und gerieben),
1 EL Mandelstifterln

Zubereitung:

Mehl mit geriebenen Mandeln in Butter anschwitzen, mit Milch und Obers aufgießen, köcheln lassen, mit Salz abschmecken und mit der restlichen, kalten Butter vollenden. Gerissenen Kren und die Mandelstifterln beigeben.

Angeblich entstand dieses Rezept als Notlösung: Katharina Schratt erwartete den Kaiser, der sich einen Rostbraten erbeten hatte, zum Mittagessen. Alexander Girardi drängte seine alte Freundin Kathi, ihn ebenfalls einzuladen; er wollte dem Kaiser ein Anliegen vortragen.
Katharina Schratt wußte, daß Girardi, ganz im Gegensatz zum Kaiser, kein Rindfleisch mochte.
Die Zeit wurde knapp, und so kreierte die Schratt mit ihrer Köchin eine Sauce, die den Rostbraten verschleiern sollte.
Angeblich hat es beiden Gästen gut geschmeckt.

Girardi-Rostbraten

Zutaten:

4 Stück Rostbraten à 180 g
Salz, Pfeffer aus der Mühle und Mehl zum Stauben
1 mittelgroße Zwiebel (fein gehackt)
40 g Butterschmalz
1/8 l Weißwein
1/8 l Rindsuppe
20 g Butter
60 g Selchspeck (fein gehackt)
4 große Champignons (fein gehackt)
1 KL Zitronenschale (fein gehackt)
1 TL Kapern (fein gehackt)
1 kleine Zwiebel (fein geschnitten)
1 EL Petersilie (fein gehackt)
1 EL glattes Mehl
1/4 l Sauerrahm
1 EL Tafelsenf (Dijon)

Zubereitung:

Die Rostbraten plattieren und die Ränder leicht einschneiden. Salzen, pfeffern, auf einer Seite mit Mehl stauben und in heißem Butterschmalz rasch anbraten. Fleisch herausnehmen und im Bratenrückstand die fein geschnittenen Zwiebeln goldgelb anrösten, mit Weißwein ablöschen, mit Suppe aufgießen und die Rostbraten darin zugedeckt weichdünsten.

Speck, Champignons, kleine Zwiebel, Zitronenschale, Kapern und Petersilie, alles sehr fein gehackt, in heißer Butter anschwitzen, mit Mehl stauben, den Sauerrahm dazurühren und dem fast garen Rostbraten beigeben. Mit wenig Senf nachwürzen und auf kleinem Feuer solange dünsten, bis das Fleisch weich ist

Als Beilage schmecken hausgemachte Nudeln oder Serviettenknödel vorzüglich.

Lungenbratensteaks nach Miramare

Zutaten:

4 Lungenbratensteaks (von der Mitte geschnitten, à 200 g)
Öl zum Braten
Salz, Pfeffer aus der Mühle
4 Kaisersemmelscheiben (1 cm dick geschnitten und gebäht)
4 halbe Paradeiser
3 Eier
1/8 l Obers
16 dünne Sardellenstreifen
40 g Butter

Zubereitung:

Die Lungenbratensteaks werden gesalzen und gepfeffert, mit Öl bestrichen und am Rost oder in der Grillpfanne gebraten. Die entkernten Paradeiserhälften in wenig Öl braten. Aus Eiern und Obers weiches Rührei fertigen, damit die Paradeiser füllen und mit dünnen Sardellenstreifen belegen.
Die gebratenen Steaks auf die in Butter gebähten Semmelscheiben setzen und mit den gefüllten Paradeisern belegen.
Dazu können grüne Fisolen und gebackene Erdäpfelscheiben gereicht werden.

Überkrustete Kalbskotelettes nach Parma

Zutaten:

4 schöne Kalbskotelettes (à 200 g)
4 Scheiben gekochte, geräucherte Rindszunge (à 20 g)
8 Scheiben schwarze Trüffeln, Salz und weißer Pfeffer

Gratiniersauce:

1/2 l Milch
40 g Butter
40 g glattes Mehl
10 g frisch geriebener Parmesan
2 Eidotter
1/8 l Obers
Salz und geriebene Muskatnuß

15 g frisch geriebener Parmesan
10 g helle Semmelbrösel
10 g geschmolzene Butter

Zubereitung der Gratiniersauce:

Aus Butter, Mehl und Milch eine helle Einmach herstellen, Parmesan einrühren und mit wenig Salz und geriebener Muskatnuß abschmecken. Obers mit den Eidottern versprudeln und die Einmachsauce damit legieren, nicht mehr kochen lassen.

Die Kalbskotelettes leicht plattieren, würzen und auf einer Seite in heißem Fett anbraten.
Auf ein Backblech mit der rohen Seite nach oben legen. Mit einer Tranche Zunge und zwei Scheiben Trüffel belegen. Mit der Gratiniersauce überziehen, mit Parmesan und Bröseln bestreuen und mit flüssiger Butter beträufeln. Im vorgeheizten Backrohr bei ca. 180 Grad auf mittlerer Schiene gratinieren.

Dazu können Reis, grüne Erbsen oder andere passende Beilagen gereicht werden.

Gebratener Indian
mit pikanter Maronen-Mandelfülle

Zutaten:
(für 8-10 Portionen)

1 Indian 3–4 kg (bratfertig)
60 g Öl
25 g glattes Mehl
45 g Butter
Salz
helle Rindsuppe oder Wasser

Zubereitung:

Als erstes wird die Füllung zubereitet, indem man kleinwürfelig geschnittenen Speck und Zwiebel in Butter glasig röstet und die geschnittenen Semmeln beigibt. Mit Salz, Pfeffer und Zucker würzen. Die Eier mit Milch und Obers versprudeln, damit die Masse anfeuchten. Rosinen, Korinthen, Mandelstifterln, Pistazien, Ingwer und die vorbereiteten Maronen beigeben.

Die Körperhöhle des bratfertigen, innen leicht gesalzenen Truthahns mit der Füllmasse füllen, zunähen, mit stärkerem Spagat binden und außen salzen.

Den Truthahn in heißem Öl auf allen Seiten in einem Bratengeschirr am Herd anbraten, mit Alufolie abdecken, mit Wasser untergießen und im Backrohr bei 150 Grad langsam braten. Während des Bratens den Truthahn wiederholt begießen. Kurz bevor er gar ist, die Folie entfernen

Zutaten Fülle:

25 g Butter
120 g durchwachsener Speck
1 mittelgroße Zwiebel
5 Kaisersemmeln (entrindet und kleinwürfelig geschnitten)
300 g Maronen (Kastanien, gebraten und geschält)
2 ganze Eier und 2 Eidotter
1/8 l Milch
1/8 l Obers
50 g Rosinen (gewaschen)
50 g Korinthen (gewaschen)
50 g Mandeln (gestiftelt)
50 g Pistazien (geschält)
1 EL Kristallzucker
Salz und Pfeffer aus der Mühle
1 EL Ingwer (frisch gerissen)

und bei starker Oberhitze fertigbraten. Man brät bei starker Oberhitze fertig.

Vor dem Tranchieren den in Alufolie verpackten Braten rasten lassen. Den restlichen Bratensaft bis zur Braunfärbung einreduzieren lassen, etwas Fett abgießen und mit frischer Butter aufschäumen lassen, mit glattem Mehl stauben und mit Rindsuppe zu Jus verkochen, abseihen und gesondert zum tranchierten Truthahn reichen.

Die Fülle wird beim Tranchieren vorsichtig herausgehoben, in Scheiben geschnitten und zum Truthahn serviert.

Weißes Hühnerragout

Zutaten:

1 frisches Huhn (etwa 1 kg)
300 g Kalbfleisch (von der Schulter)
150 g Wurzelwerk (Petersilwurzel, Karotte, gelbe Rübe, Zwiebel)
6–7 Pfefferkörner
100 g Champignons
100 g Karfiol
80 g Butter
70 g glattes Mehl
30 g weiße oder schwarze Trüffel
1/8 l Obers
2 Eidotter
Salz, weißer Pfeffer aus der Mühle
Zitronensaft
Englische Sauce
20 g Butter

Zubereitung:

Das gereinigte Huhn und das Kalbfleisch in 2 l kochendem, gesalzenem Wasser mitsamt dem Wurzelwerk und den Pfefferkörnern weich kochen. Dem Huhn die Haut abziehen, das Fleisch von den Knochen lösen, und Hühnerfleisch wie Kalbfleisch in mittelgroße Würfel schneiden. Champignons in Würfel schneiden und in Butter kurz andünsten. Karfiol waschen, in kleine Röschen teilen und in Salzwasser bißfest überkochen. Trüffeln nicht zu fein hacken.

Aus Butter und Mehl eine Einmach herstellen, mit 1 l Hühnersuppe aufgießen und kurz köcheln lassen. Mit Salz, Pfeffer, Zitronensaft und Englischer Sauce abschmecken. Hühner- und Kalbfleisch, die gebratene Hühnerleber, Champignons, Karfiolröschen und die Trüffeln in die Einmachsauce geben, aufkochen lassen. Obers und Eidotter versprudeln und das Hühnerragout damit verfeinern.
Das Ragout nicht mehr kochen lassen, da es sonst ausflockt.

WILDGERICHTE

Feinster Hasenpfeffer

Zutaten:

1 mittelgroßer junger Feldhase (1–1 1/2 kg)
2 mittelgroße Schalotten oder Zwiebel
150 g Speckwürfel (kleinwürfelig geschnitten)
Butter und glattes Mehl
Saft einer halben Zitrone, Lorbeerblatt, Wacholder, Salz, Pfefferkörner

Zutaten:

1/2 l guter Rotwein
1/4 l Rindsuppe
1/4 l Obers
1/8 l frisches Schweineblut (beim Fleischer bestellen)
5 cl Cognac
Petersilie
Pariserbrotschnitten, in Butter gebäht.

Beize:

1/8 l Olivenöl
1/8 l guter Weinessig, verdünnt mit etwas Wasser
1 Zwiebel
1 EL Wacholderbeeren
1 EL schwarze Pfefferkörner

Zubereitung:

Der Hase wird in Vorder- und Hinterläufe, Hals, Brust und Rücken zerteilt. Der Rücken wird in gefällige, nicht zu kleine Stücke geschnitten. Die Innereien wie Leber, Lunge und Herz werden ebenfalls verwendet. Der Feinspitz nimmt auch den Kopf.

Dies alles wird in der Beize zugedeckt einen Tag lang im Kühlschrank mariniert.

Nun wird der Speck sowie die fein geschnittenen Schalotten und 1 EL Mehl in wenig Butter in einer Schmorpfanne goldbraun angeschwitzt und mit Rotwein und Suppe aufgegossen. Gewürze, Zitronensaft und Salz beigeben, aufkochen lassen und die Hasenstücke einlegen.

Im Backrohr bei 150 Grad zugedeckt ca. 1–1 1/2 Stunden sanft schmoren lassen. Das Fleisch ausstechen, Sauce durch ein Haarsieb seihen und mit dem Schweinsblut, das mit wenig Wasser verdünnt wird, nebst Obers und Cognac die Sauce vollenden, abschmecken und die Hasenstücke wieder beigeben.

Mit viel gehackter Petersilie bestreuen und mit gebähten Pariserbrotschnitten garnieren.

Hirschlungenbraten

Zutaten für 4 Personen:

1 kg Lendenbraten vom Mittelstück (abgehäutet und zupariert)
100 g Selchspeck
200 g Wurzelwerk (Karotten, Sellerie, gelbe Rüben, Porree)
1 mittelgroße Zwiebel
1 frischer Thymianzweig
1 EL Wacholderbeeren
2–3 Lorbeerblätter
1 kleines Stück frischer Ingwer
1 KL schwarze Pfefferkörner
Öl zum Anbraten
10 g glattes Mehl
1/4 l Rindsuppe
1/8 l Rotwein
1/8 l Sauerrahm
2 EL Ribiselmarmelade

Zubereitung:

Der Hirschlungenbraten wird mit einer Spicknadel in 2 cm-Abständen durchgehend mit Selchspeck gespickt. Dann wird gesalzen und gepfeffert (Pfeffermühle). Die Wacholderbeeren werden in einem Mörser zerdrückt, der Lungenbraten wird damit eingerieben. Das Fleisch in wenig Öl in einem Bratengeschirr nach allen Seiten scharf anbraten, blättrig geschnittenes Wurzelwerk, Kräuter und Gewürze beigeben und im Backrohr bei 180 Grad 20–25 Minuten unter öfterem Begießen braten.
Das Backrohr soll vorgeheizt sein.
Nach der vorgegebenen Bratzeit den Lungenbraten herausnehmen, das Wurzelwerk leicht mit Mehl stauben, durchrösten, mit Rotwein und Rindsuppe ablöschen, Ribiselmarmelade beigeben und die Sauce auskochen lassen. Durch ein feines Passiersieb seihen und mit Sauerrahm vollenden. Abschmecken und das Fleisch in der Sauce noch ein wenig ziehen lassen. Der Hirschlungenbraten soll beim Aufschneiden innen noch leicht rosa sein.
Mit Orangenscheiben, Preiselbeeren und Petersilie garnieren.

Kaiser Franz Joseph I. mit Kaiserin Elisabeth vor der Parforcejagd in Gödöllö, 1881

Gesottenes Wildschwein

Zutaten für 4 Personen:

800 g Frischlingsfleisch (vom Hals, Schopfbraten)
Salz
400 g Wurzelwerk (geschälte Karotten, gelbe Rüben, Sellerie)
1 mittelgroße Zwiebel
10 Pfefferkörner
4 Neugewürzkörner
3 Gewürznelken
12 Wacholderbeeren
1 halber KL Koriander
5 Senfkörner
2 Lorbeerblätter
frischer Thymian
2 geschälte Knoblauchzehen
1 EL Kristallzucker
1/4 l guter Rotwein
2 EL Rotweinessig 5%

Zubereitung:

Den ausgelösten Schopfbraten kalt abwaschen, in kochendes Wasser geben (er sollte gerade vom Wasser bedeckt sein), zum Kochen bringen, aufsteigendes Fleischeiweiß abschäumen, salzen und die Gewürze in einem Leinen- oder Mullsäckchen (zugeschnürt) beigeben. Langsam fast weich sieden. Dann das in nicht zu feine Streifen geschnittene Wurzelwerk und Zwiebel beigeben und vollends weich kochen. Das Wurzelwerk sollte aber noch einen Biß haben (al dente).
Zuletzt mit Rotwein, Essig und Zucker abschmecken.
Das Fleisch in Scheiben aufschneiden, mit viel Wurzelwerk und dem leicht einreduzierten Kochsud anrichten.
Dazu wird eine Hetschepetschsauce (= Hagebuttensauce) gereicht.
Eine lichte Einmach aus 3 dkg Butter und 3 dkg glattem Mehl zubereiten, mit 1/4 Liter gutem Rotwein (Burgunder) und 1/8 Liter Rindsuppe aufgießen, auskochen lassen und 5–6 EL Hagebuttenmarmelade beigeben. Mit Salz und Zucker abschmecken.

Jagdgesellschaft in Gödöllö

In einem Brieffragment besinnt sich die Schratt auf ihre Tierliebe:
„… Die Jagdresultate habe ich mit Interesse gelesen, aber nachdem jeden Tag mehr gemordet wird, kann ich die Besorgnis nicht unterdrücken, daß am Ende fürs nächste Jahr nichts mehr übrig bleibt …“

Rebhühner mit Pomeranzensauce

Zutaten:

4 frische Rebhühner (bratfertig)
40 g Öl
4 dünne, große Spickspeckscheiben
45 g Butter
50 g Mehl (glatt)

Salz, Pfeffer aus der Mühle
1 EL Wacholderbeeren
1/4 l Orangensaft (frisch gepreßt)
1 EL Orangenzeste (= in feine Streifen geschnittene Orangenschale)
1/4 l helle Rindsuppe
1 EL Kristallzucker
4 cl Cognac

Zubereitung:

Bratfertige Rebhühner mit Salz und Pfeffer würzen, mit Spagat in Form binden und mit Speckscheiben umhüllen. In heißem Öl unter wiederholtem Begießen mit Eigensaft bei guter Hitze im Backrohr braten. Zum Schluß den Speck entfernen und die Hühner Farbe nehmen lassen, dabei mehrmals begießen. Die Rebhühner herausnehmen und warm stellen.

Etwas Bratfett abgießen, Butter beigeben, aufschäumen lassen, mit Mehl stauben, zerdrückte Wacholderbeeren beigeben und kurz mitrösten. Mit Rindsuppe, Orangensaft und Cognac löschen, kurz köcheln lassen und durch ein feines Haarsieb seihen. Die Orangenzeste beigeben und mit Salz, Zucker und Pfeffer aus der Mühle abschmecken.

Die Rebhühner in Brust und Schenkel teilen und mit der Orangensauce auftragen.

Als Beilage kann Sprossenkohl oder Burgunder Rotkraut gereicht werden.

Festessen bei Katharina Schratt

Große Freude bereitete es Frau von Schratt, wenn sie dem Kaiser erlesene Gerichte vorsetzen konnte.

Am 2. Dezember 1892 schreibt der Kaiser an seine Gemahlin: *„Das Wildschwein … schmeckte … wie bei uns, sehr gut. Außerdem war noch ein Hühnerragout mit einer vortrefflichen Sauce und Faschingskrapfen."*

Am 16. Oktober 1892 schreibt der Kaiser aus Gödöllö an die Schratt: *„Die Kaiserin, welche soeben erwacht ist, grüßt Sie herzlichst und hat Ihnen den durch mich angekündigten Honig und Fasane, die wegen der hiesigen Äsung besonders schmackhaft sein sollen, geschickt …"*

Kaiser Franz Joseph in Gödöllö

Fasan in getrüffelter Rahmsauce

Zutaten für 4 Portionen:

2 Fasane (gut abgehangen und bratfertig)
Salz und Pfeffer aus der Mühle
8 große, dünne Selchspeckscheiben
120 g Butter
200 g Wurzelwerk (Karotten, gelbe Rüben, Sellerie, Porree, Petersilwurzel)
1 mittelgroße Zwiebel
1 KL Pfefferkörner
1 KL Wacholderbeeren
2 Nelken
Schale einer unbehandelten Zitrone
1/4 l Sauerrahm
1 EL Mehl (glatt)
1/4 l Rindsuppe
2 EL Preiselbeerkompott
30 g schwarze Trüffeln

Zubereitung:

Die Fasane innen und außen mit Salz und Pfeffer aus der Mühle würzen und mit Spagat in Form binden. Mit den Speckscheiben belegen und nochmals binden.
Fein geschnittene Zwiebeln und kleinwürfelig geschnittenes Wurzelwerk in heißer Butter andünsten. Die vorbereiteten Fasane auf das Gemüsebeet legen, die Gewürze und etwas Zitronenschale beigeben und unter wiederholtem Begießen mit dem Eigensaft und etwas Rindsuppe bei 180 Grad im Rohr braten. Bevor das Fleisch weich wird, die Speckscheiben entfernen und die Haut etwas Farbe nehmen lassen.
Die Fasane aus dem Rohr nehmen und warm stellen. Den Saft mit dem Wurzelwerk eingehen lassen, mit Mehl stauben, gut durchrösten, mit glatt gerührtem Sauerrahm und etwas Rindsuppe aufgießen.
Preiselbeerkompott beigeben und 10 Minuten köcheln lassen. Die Sauce durch ein feines Haarsieb passieren, in feine Streifen geschnittene Trüffeln beigeben und abschmecken.
Die inzwischen tranchierten Fasane in die Sauce geben und kurz darin ziehen lassen.
Als Beilage können Serviettenknödel oder gedünsteter Reis gereicht werden.

Kalte Häring Soß.

Nim ein Häring wasch ihn aus und gib die Gräthen weg dan nim 3 hartgesottene Eierdotter einen geriebenen Apfel ein paar Schalotten in einem Mörser stosse es recht fein etwas Pfeffer und die Milch von Häring passiren es durch ein Sieb gib Essig und Oehl dazu es dan wie eine gerührte Soß ist. Man kan es zu rothem Wildpräth oder kalten Braten geben.

FISCH und SCHALENTIERE

Zur Fastenzeit setzte Kaiser Franz Joseph bei der Gnädigen Frau einfache, sparsame Gerichte durch.

Am 7. März 1905 schreibt er an sie: „*... Theuerste Freundin ... nehme ich mit Freude Ihre Einladung zum Speisen an. Ich werde morgen um 6 Uhr erscheinen und bitte um ein Fasten Diner, da ich glaube, daß sich dies am Aschermittwoch schickt ... Nicht zu viele Speisen, wenn ich bitten darf, denn mein Appetit ist in Folge von Sorgen, Plage und Nervosität jetzt nicht brillant ... herzlichsten Grüßen Franz Joseph.*"

Der Bitte des Kaisers entsprechend, setzte die Schratt ihm dann leicht verdauliche Speisen wie etwa die Fastensuppe und Forellen, vor.

Gasteiner Gebirgsbachforelle blau

Zutaten:

3 l Wasser
60 g Salz
1/8 l weißer Weinessig (5%)
18 Stück Pfefferkörner (weiß)
3 mittelgroße Lorbeerblätter
120 g Zwiebeln (in Scheiben geschnitten)
250 g Wurzelwerk (Karotten, Porree, Zeller blättrig geschnitten, Petersilstengel)
4 fangfrische Forellen
Zitronenecken, Petersilgrün

Zubereitung:

Die Forellen unter fließendem Wasser bauchseitig öffnen, ausnehmen, sehr vorsichtig waschen, mit dem Daumen das innere Blutgerinnsel entfernen (Fisch am Kopf bzw. an den Kiemen festhalten). Die Fischschleimhaut darf dabei nicht beschädigt werden, sonst werden die Fische nicht blau.

Die Forellen in den leicht kochenden Fischsud einlegen, dann nur mehr ziehen lassen. Die Flüssigkeit darf, sobald die Fische eingelegt sind, nicht mehr kochen und muß die Forellen gut bedecken. Sie sind gar, wenn die Augen als weiße Kügelchen heraustreten. Forellen vorsichtig herausheben und auf vorgewärmten Tellern anrichten, mit Zitronenecken und Petersilgrün garnieren.

Beilage: flüssige Butter und Dampferdäpfel

Ab und zu ließ es sich die Schratt nicht nehmen, dem Kaiser anstatt der von ihm so geliebten Hausmannskost eine kulinarische Überraschung vorzusetzen.

Aus einem ihrer Briefkonzepte gehen die Bedenken nach einer solch exotischen Entgleisung hervor: *„ ... ich bin gestern den ganzen Tag von der Sorge gequält worden, ob der Hummer im Risotto nicht schwer verdaulich war. Hoffentlich war meine Besorgnis ungerechtfertigt. Im Theater ist es leidlich gegangen, bis auf eine neue Art des Niederknieens, die ich gestern das erste Mal versucht habe. Vielleicht ist es E. M. noch in Erinnerung, daß ich gemeinschaftlich mit Thimig vor dem König einen Fußfall tun muß – durch eine Ungeschicklichkeit meines Partners bin ich nicht nur auf die Knie, sondern auch vornehin auf die Hände gefallen. Im Publikum scheint man das für eine neue Nuance angesehen zu haben, auf der Bühne dagegen erregte es einige Heiterkeit und ich selbst hatte Mühe, ernst zu bleiben.– ...*

Mit der Bitte, I. M. (Ihrer Majestät, der Kaiserin) meine Handküsse gnädigst bestellen zu wollen ...“

Hummer in Cremesauce

Zutaten:

2 Hummer (zu je 700 g, ca. 5 Minuten in kochendem Wasser überbrüht)
200 g Wurzelwerk (Karotten, Porree, Zeller, Zwiebel, Petersilwurzel kleinwürfelig geschnitten)
3 EL Öl
1/4 l Hummersud
1/8 l guter, trockener Weißwein
6 cl Cognac
Mehlbutter (60 g Butter und 60 g glattes Mehl zerknetet)
1/4 l Obers
2 Eidotter
Salz, weißer Pfeffer

Zubereitung:

Den überbrühten Hummer auslösen. Die Scherenstücke ganz lassen, die Fleischstücke der Schwänze in dickere Scheiben schneiden.

In einer flachen Kasserolle Öl erhitzen und Wurzelwerk anrösten, das Hummerfleisch (ohne die Scheren) beigeben und andünsten. Mit Cognac ablöschen, flambieren und mit Weißwein und Hummersud untergießen, die Scheren einlegen und kurz mitdünsten.

Hummerstücke nach kurzer Gardauer (ca. 10 Minuten) herausnehmen und warmhalten. Hummerfond durch ein feines Sieb seihen, mit Mehlbutter zur Saucenkonsistenz binden, mit Salz und Pfeffer würzen. Obers mit den Eidottern versprudeln und die Sauce damit legieren. Hummerstücke in die fertige Sauce einlegen und nicht mehr kochen lassen.

Mit gedünstetem Reis oder Risotto servieren.

Ganze Melon

Die Frucht wird geschält, gestutzt und sehr langsam in Wasser gelinde sieden bis man mit einer Nadel durch- leicht durchstechen kann, dann gebe man dünnen Zuckerwasser- über lasse den Zucker vorzüglich abgezogen die Frucht ab und gebe ganzen Zucker dazu & lasse denselben aufkochen, gebe die Frucht hinein und aufwallen, so lasse man die Frucht durch 4 – 5 Tage, gebe sie dann in Gläser, ver- binde mit Harzblasen und lasse 15 Minuten dünsten.

BEILAGEN

Risotto

Zutaten:

1–1 1/2 l klarer Hühnerfond
1 EL Olivenöl
1 kleine Zwiebel (fein geschnitten)
250 g italienischer Rundkornreis (nicht waschen)
50 g Butter
80 g frisch geriebener Parmesan
Salz und frisch gemahlener, weißer Pfeffer

Zubereitung:

Das Olivenöl erhitzen und darin die fein gehackte Zwiebel andünsten, aber nicht bräunen. Den Reis hinzufügen und glasig anlaufen lassen.

Mit 1/4 l Hühnerfond untergießen, einkochen lassen, wieder aufgießen, bis der Fond vom Reis absorbiert ist. Den restlichen Fond nach und nach einrühren, bis der Reis cremig und weich, aber nicht zermust, sondern innen noch körnig ist. Dabei muß der Reis auf kleinem Feuer weiterkochen, ohne am Topfboden anzusetzen. Die Garzeit beträgt ca. 20 Minuten.

Anschließend den Topf vom Feuer nehmen und die Butter und den Parmesan unter das Risotto mischen.

Mit Salz und Pfeffer abschmecken und servieren.

Erdäpfeldunstkoch

Zutaten:

200 g mehlige Erdäpfel (geschält)
70 g Butter
3 Eidotter
Salz
50 g Selchfleisch (gekocht und feinwürfelig geschnitten)
20 g Trüffel (feinwürfelig geschnitten)
1 EL griffiges Mehl (gestrichen voll)
Ein Hauch geriebene Muskatnuß
3 Eiklar
Butter und Mehl für die Förmchen

Zubereitung:

Die Butter schaumig rühren, die gekochten, passierten, überkühlten Erdäpfel, Eidotter, Salz, Selchfleisch, Trüffel, Mehl und Muskatnuß dazugeben, die Masse gut vermengen und den Schnee von 3 Eiklar darunterheben.

Die Masse in kleine, mit Butter ausgestrichene, gestaubte Dariolförmchen (= konische Nirosta- oder Aluförmchen) füllen und sie im Wasserbad im Dunst ca. 45 Minuten auf nicht zu starker Flamme pochieren.

Auskühlen lassen, stürzen, in dünne Scheiben schneiden und als Einlage in einer feinen Rindsuppe auftragen.

Dieses Erdäpfeldunstkoch kann auch als – feines Erdäpfeldunstkoch – bezeichnet werden.

Serviettenknödel

Zutaten:

100 g Butter
3 ganze Eier
250 g Semmelwürfel
3/8 l Milch
150 g passierte gekochte Kartoffel
4 EL Grieß
Salz, etwas Pfeffer und frisch geriebene Muskatnuß

Zubereitung:

Die Semmelwürfel mit der zerlassenen Butter übergießen und gut durchmischen. Eier, Milch, Salz, Pfeffer und Muskatnuß beimengen. Die passierten Kartoffeln sowie den Grieß in die Masse gut einarbeiten.

Die Masse wird geteilt und in zwei gefettete Stoffservietten gefüllt. Die Servietten an den beiden Enden zubinden und in das schon kochende Salzwasser legen. 40 bis 50 Minuten schwach kochen lassen. Anschließend aus der Serviette rollen und vor dem Servieren in Scheiben schneiden. Paßt als Beilage zu Wildgerichten.

TORTEN
UND ANDERE DESSERTS

Franz Ferdinand-Torte

Zutaten:

280 g Staubzucker
280 g geschälte, fein geriebene Mandeln
12 Eidotter
6 Eiklar

Zubereitung:

Eidotter mit Staubzucker schaumig rühren. Eiklar zu Schnee schlagen und abwechselnd mit den fein geriebenen Mandeln vorsichtig unter die Eidottermasse geben. In eine gefettete und gestaubte Tortenform einfüllen und langsam im vorgeheizten Backrohr bei 150–160 Grad backen.
In der Form auskühlen lassen.

Füllcreme:

140 g weiche Butter
140 g Staubzucker
140 g Zartbitterschokolade (fein gerieben)
3 Eidotter (gekocht und fein passiert)

Füllcreme:
Weiche Butter mit Staubzucker schaumig rühren, feinst geriebene Schokolade und passierte Dotter beigeben und zu einer luftigen Creme schlagen. Die ausgekühlte Torte mit der Creme füllen, zusammensetzen und mit dem Rest der Creme seitlich wie oben mit einer Palette zart bestreichen.

Erdäpfelgugelhupf

Zutaten:

250 g glattes, gesiebtes Mehl
250 g griffiges, gesiebtes Mehl
100 g Kristallzucker oder Staubzucker
100 g Schweineschmalz
250 g mehlige, gekochte und passierte Erdäpfel
1/4 l lauwarme Milch
1 Prise Salz
3 Eidotter
70 g Baumnüsse (fein gehackt)
70 g gereinigte Rosinen
1/2 TL gestoßener Anis
1/2 TL gemahlener Zimt
1 TL frischer Ingwer (fein gehackt)
20 g Germ
Schmalz zum Ausstreichen und Semmelbrösel zum Ausstreuen der Form

Zubereitung:

Gugelhupfform mit flüssigem Schmalz ausstreichen und mit Bröseln bestreuen.
Germ und Zucker in lauwarmer Milch auflösen, Eidotter, Salz, Anis, Zimt und Ingwer einsprudeln.
Mehl mit passierten Erdäpfeln und flüssigem, lauwarmem Schweineschmalz vermengen und die Milch mit den Ingredienzien untermengen. Mit einem Kochlöffel gut abschlagen und gehackte Nüsse und Rosinen beigeben.
Den Teig in die vorbereitete Form gleichmäßig einfüllen und ca. 1/2 Stunde zugedeckt an einem warmen, zugfreien Ort gehen lassen.
Im vorgeheizten Backrohr bei ca. 160–170 Grad auf mittlerer Schiene 1 Stunde backen. Stürzen und reichlich mit Staubzucker bestreuen.

Prinzessentorte

Zutaten:
für eine Tortenform von 26 cm Durchmesser:

250 g frische Butter
130 g Staubzucker
10 Eidotter
10 Eiklar
130 g Kristallzucker
2 EL Vanillezucker
220 g Graumohn (gemahlen)
140 g ungeschälte, geriebene Mandeln
50 g Semmelbrösel
je eine halbe geriebene Orangen- und Zitronenschale
1 Prise Salz
1 Prise Zimt
1 Prise Nelkenpulver
1 TL Backpulver
5 cl Orangenlikör
250 g Orangenmarmelade
250 g Haselnußkrokant
Butter zum Ausstreichen der Form
Mehl zum Stauben

Zubereitung:

Weiche Butter mit Staubzucker, Zitronen- und Orangenschale schaumig rühren, Eidotter nach und nach unterrühren. Mohn, Mandeln, Semmelbrösel, Zimt, Nelkenpulver und das Backpulver gut vermischen. Eiklar mit Kristallzucker, Vanillezucker und Salz zu festem Schnee ausschlagen. Den Butterabtrieb mit der Hälfte des Eischnees vermengen und das Mohngemisch unterheben. Den restlichen Schnee sachte unter die Masse heben.
Die Tortenform mit weicher Butter ausstreichen und stauben. Die Mohnmasse einfüllen und im vorgeheizten Backrohr 60–70 Minuten bei 170–180 Grad langsam backen (Nadelprobe). Torte auf den Kopf stellen, in der Form erkalten lassen und aus der Form lösen. Horizontal einmal in der Mitte durchschneiden. Beide Hälften der Torte mit dem Orangenlikör parfümieren, mit leicht erwärmter Orangenmarmelade füllen und wieder zusammensetzen. Seitlich und oben mit einem Pinsel zart mit Marmelade bestreichen und mit Haselnußkrokant reichlich einstreuen.

Karlsbader Oblatentorte

Zutaten:

1 Paket Karlsbader Oblaten
150 g feine Zartbitterschokolade
1/8 l Obers
3 Eidotter
150 g Kristallzucker
150 g Butter
1 EL Vanillezucker
150 g Haselnüsse (im Backrohr rösten, schälen und fein hacken)

Zubereitung:

Fein geriebene Schokolade in lauwarmem Obers auf kleiner Flamme rühren, bis sich die Schokolade aufgelöst hat. Dann Eidotter, Zucker und Vanillezucker beigeben. Unter ständigem Rühren die Masse heiß werden lassen, aber nicht kochen. Vom Feuer nehmen, die Butter einschlagen und weiterrühren, bis die Füllcreme streichfähig ist.
In eine Tortenbackform legt man die erste Oblate, bestreicht sie mit Creme, bestreut sie mit gerösteten Haselnüssen und fährt so fort, bis die Form ganz voll ist. Mit einer Oblate abschließen. Kühl stellen und mit einer Schokoladenglasur überziehen.

Valerie-Torte

Zutaten:

6 Eidotter
6 Eiklar
140 g Butter
140 g Staubzucker
60 g Mandeln (geschält und gerieben)
90 g Haselnüsse (gerieben)
60 g Mehl (glatt)
1 Msp. gemahlener Zimt
geriebene Schale einer unbehandelten Zitrone

Füllcreme:
3 Eidotter
60 g Kristallzucker
1/4 l Obers
150 g frische Butter
150 g Staubzucker
Marillenmarmelade
Schokoladenglasur

Zubereitung:

Die Butter mit der Hälfte des Staubzuckers schaumig rühren. Eidotter nach und nach einrühren. Die Eiklar mit dem restlichen Zucker zu Schnee schlagen. Mehl, Nüsse, Zimt und Zitronenschale in den Butterabtrieb einrühren und den Eischnee in die Masse unterheben. Daraus werden 3 Blätter gebacken. Man legt den Teig auf ein mit Pergamentpapier belegtes Backblech und bäckt im vorgeheizten Backrohr bei 160–170 Grad die Blätter im Durchmesser einer Tortenform heraus.

Füllcreme:
Obers, Eidotter, 60 g Kristallzucker und Vanillezucker über Dunst warm aufschlagen und dann kalt schlagen. Weiche Butter mit dem Staubzucker schaumig rühren und langsam die Obers-Dottermasse einschlagen.
Die Tortenblätter mit der Füllcreme in einer Tortenform abwechselnd zusammensetzen. Außen mit erwärmter Marillenmarmelade mittels Pinsel dünn überstreichen und mit Schokoladenglasur überziehen.

Feiner Christstollen

Zutaten:

560 g glattes Mehl
180 g Butter
50 g Kristallzucker
30 g Germ
8 Eidotter
1 Prise Salz
3/16 l Milch
50 g Rosinen
50 g Korinthen
50 g Mandelstifterln
50 g Zitronat
zerlassene Butter
Vanille-Staubzucker

Zubereitung:

Das gesiebte Mehl anwärmen. Aus wenig Zucker, Germ und lauwarmer Milch ein Dampfl zubereiten. Die weiche Butter mit dem Zucker und dem Eidotter schaumig rühren. Wenn das Dampfl gegangen ist, alles auf einem Nudelbrett zu einem festeren Teig anmachen und gut abarbeiten. Rosinen, Korinthen, Mandelstifterln und das Zitronat ganz zuletzt daruntermischen.

Teig rechteckig ausrollen, mit flüssiger Butter bestreichen und der Länge nach übereinanderklappen, aber so, daß der Oberteil etwas kleiner ist. Den Stollen auf das mit Trennpapier belegte Backblech legen, nochmals gehen lassen und im vorgeheizten Rohr bei 150 Grad ca. 50 Minuten backen. Nach dem Backen sofort vollständig mit flüssiger Butter bestreichen und in Vanille-Staubzucker wälzen.

Schwarzer Kirschkuchen

Zutaten:

120 g Butter
120 g Kakao oder Schokoladenpulver
180 g Kristallzucker
6 Eidotter
10 Eiklar
120 g Bisquitbrösel
40 g Mehl
1/2 Päckchen Backpulver
2 EL Vanillezucker
Geriebene Schale einer unbehandelten Zitrone
500 g entsteinte schwarze Kirschen

Zubereitung:

Die weiche Butter mit dem Schokoladenpulver, der halben Zuckermenge, dem Vanillezucker, Zitronenschale und den Eidottern schaumig rühren. Die Eiklar mit dem restlichen Zucker zu einem steifen Schnee schlagen. Beide Massen vorsichtig zusammenmischen, das Mehl und Backpulver einsieben und die Bisquitbrösel unterheben.

Die Masse in eine gefettete, gestaubte, große Tortenform füllen und mit den Kirschen belegen. Im vorgeheizten Backrohr auf mittlerer Schiene bei 160 Grad ca. 1 Stunde backen.

Anisbrot

Zutaten:

6 Eidotter
6 Eiklar
100 g Kristallzucker
150 g glattes Mehl
1 KL Anis

Zubereitung:

Die Eidotter mit der halben Menge Zucker schaumig rühren. Das Eiklar mit dem restlichen Zucker zu steifem Schnee schlagen, beide Massen vorsichtig zusammenmischen. Mehl einsieben und mit dem Anis unterheben.

In eine halbrunde, mit Butter ausgefettete und gestaubte Backform füllen und im vorgeheizten Backrohr bei mittlerer Hitze backen 1/2 Stunde backen.

Quittenkäse

Zutaten:

3 kg frische Quittenäpfel oder -Birnen (ergibt ca. 1,2 kg Quittenmark)
1,2 kg Kristallzucker
1/2 l Wasser
Saft von 3 Zitronen

Wünscht man roten Quittenkäse, fügt man frischen Roten Rübensaft oder Himbeersaft dazu.

Zubereitung:

Die Quitten werden mit einem Küchentuch trocken gewischt und mit soviel Wasser, daß sie bedeckt sind, weich gekocht.
Anschließend werden die Quitten abgeseiht und ohne Haut durch ein Haarsieb passiert. Zucker mit Wasser zum Bruch kochen (das heißt unter ständigem Rühren so lange kochen, kurz bevor eine hellbraune Färbung eintritt).
Das passierte Fruchtmark muß mit der gleichen Menge Zucker übereinstimmen. Der gesponnene Zucker wird mit dem Fruchtmark und dem Zitronensaft ca. 1/2 Stunde auf starkem Feuer unter ständigem Rühren gekocht. Die Quitten müssen so dick sein, daß sich ein Tropfen davon – erkaltet – sulzt, wenn man ihn auf einen Teller gibt.
Das gekochte Mark wird auf ein mit Alufolie ausgelegtes Blech geleert und einige Tage an einem kühlen Ort (nicht im Kühlschrank) stehen gelassen. Ist der Käse getrocknet, wird er gestürzt, geschnitten oder mittels Förmchen ausgestochen und in Kristallzucker gewendet.

Triestiner Bäckerei

Zutaten:

250 g Staubzucker
5 frische Eier
250 g Butter
500 g glattes Mehl
geriebene Schale von 2 unbehandelten Limetten
geriebene Schale von 2 unbehandelten Orangen
1 Prise Salz
50 g Pistazien (geschält und fein gehackt)
3 Eidotter zum Bestreichen

Zubereitung:

Die Eier mit Zucker schaumig aufschlagen. Die lauwarme, flüssige Butter, das Salz, Zeste von den Limetten und Orangen, die gehackten Pistazien und das gesiebte Mehl darunterarbeiten. Den Teig zugedeckt an einem kühlen Ort 1 Stunde rasten lassen. Auf einem bemehlten Nudelbrett 4 mm dick auswalken und mit dem Teigrädchen kleine Rhomben ausschneiden. Auf ein mit Pergamentpapier belegtes Backblech setzen und zweimal mit versprudeltem Eidotter mit einem Pinsel bestreichen. Mit einer Eßgabel Muster streichen.

Im vorgeheizten Backrohr bei 170 Grad hellbraun backen. Auskühlen lassen und in Keksdosen aufbewahren. Das volle Aroma entfaltet sich erst nach einigen Tagen

Feinste Wespennester

Zutaten:

Dampfl (Gärprobe)
140 g glattes Mehl
20 g Germ (Hefe)
20 g Kristallzucker
1/8 l Milch

Zubereitung:

Dampfl: die Milch wird mit dem Zucker lauwarm erhitzt, die Germ darin aufgelöst und mit dem gesiebten Mehl verrührt.
An einem mäßig warmen, zugfreien Ort gehen lassen.

Dann sprudelt man die Eidotter, Zucker, Salz und die flüssige Butter ab, gibt dieses und das übrige, gesiebte Mehl dem aufgegangenen Dampfl bei und schlägt den Teig gut mit dem Kochlöffel ab, bis sich der Teig von der Schüssel löst.
Dann walkt man ihn auf einem Nudelbrett aus und schlägt den kalten Butterziegel ein, schlägt den Teig zusammen, rollt ihn wieder aus und wiederholt dies dreimal.

Zutaten Germteig:

140 g glattes Mehl
6 Eidotter
20 g Kristallzucker
40 g flüssige Butter
1 Prise Salz
70 g kalter Butterziegel für den Teig
50 g Zibeben (Rosinen)
70 g Mandelstifterln
70 g Zartbitterschokolade (grob gehackt)
70 g Aranzini (klein geschnitten)
2 Prisen gemahlener Zimt
Butter und Mehl für das Backblech
1 Ei zum Bestreichen

Nach einer halben Stunde Rastzeit walkt man den Teig 1/2 cm dick zu einem Rechteck aus, bestreut ihn mit Rosinen, Zimt, Mandelstifterln, gehackter Schokolade und Aranzini, rollt ihn wie einen Strudel und schneidet in zweifingerbreite Stücke.

Diese Wespennester werden mit der Schnittfläche nach unten auf ein mit Butter bestrichenes, gestaubtes Backblech gesetzt. Nochmals mit einem Küchentuch zugedeckt gehen lassen, mit zerquirltem Ei bestreichen und bei 150–170 Grad im Backrohr auf mittlerer Schiene backen.

Kaiserkoch mit Kirschen – Soufflé à l'Imperiale

Zutaten:

150 g Butter
100 g Kristallzucker
5 Eidotter
5 Eiklar
5 Kaisersemmeln (altbacken)
1/4 l Milch
100 g geschälte und geriebene Mandeln
1 EL Vanillezucker
Zeste einer unbehandelten Zitrone
1 Prise Salz
250 g schwarze Dunstkirschen oder Weichseln (entsteint)
Butter und Brösel für die Auflaufform

Zubereitung:

Butter flaumig rühren, nach und nach die Hälfte des Kristallzuckers, Vanillezucker, Zitronenzeste, Eidotter, Salz entrindete, in Milch eingeweichte, ausgedrückte, passierte Semmeln und geschälte, geriebene Mandeln vermengen.
Aus dem Eiklar unter Beigabe des restlichen Kristallzuckers Schnee schlagen und unter die Masse heben. Die Hälfte der Masse wird nun in eine mit Butter befettete und mit Bröseln ausgestreute Backform gefüllt. Mit Kirschen belegen und mit der zweiten Hälfte der Masse zudecken. Im vorgeheizten Backrohr bei 180 Grad auf mittlerer Schiene 30 Minuten backen. Um sicher zu gehen, daß der Auflauf gut durchgebacken ist, kann man die Stricknadelprobe machen.

Katharina Schratt im Kirschenkleid

Die Kirschenernte war für alle Kinder in Ischl eine wunderbare Zeit. Auch Gigi, der Affe von Frau Schratt, hat sich an der Ernte beteiligt. Er beutelte die Zweige mit den Kindern um die Wette. Häufig pflückte er aber die Kirschen direkt in sein Plappermäulchen, bis er satt war. Dann warf er übermütig mit den Kirschen nach den Kindern.

Faschingskrapfen

Zutaten: für ca. 15 Stück:

300 g glattes Mehl (vorgewärmt)
25 g Germ (Hefe)
60 g Butter
30 g Kristallzucker
3 Eidotter
1 ganzes Ei
1 EL Vanillezucker
1 Prise Salz
1 EL Rum
Geriebene Schale einer unbehandelten Zitrone
ca. 1/8 l Milch

150 g Marillenmarmelade

Fett zum Backen, halb Kokosfett und halb Schweineschmalz (ca. 1 1/2 kg)
Staubzucker zum Bestreuen

Zubereitung:

Die Germ in 4 EL lauwarmer Milch mit einer Prise Zucker auflösen und mit etwas Mehl das Dampfl ansetzen und aufgehen lassen, bis sich die Masse verdoppelt hat. Die restliche warme Milch mit Kristallzucker, Vanillezucker, 1 Prise Salz, Rum, Zitronenschale, Ei, Eidotter, Dampfl und Mehl zu einem weichen, seidig glänzenden Teig verarbeiten, bis er Blasen wirft. (Kochlöffel!)

20 Minuten rasten lassen und auf einem mit Mehl bestaubten Nudelbrett 1 cm dick zu einem Rechteck ausrollen. Auf der einen Teighälfte mittels Ausstecher (6 cm Durchmesser) Kreise andeute, in die Mitte der vorgezeichneten Kreise mit einem KL ein wenig Marillenmarmelade setzen und mit einer ebenso groß ausgestochenen, verkehrt darauf gelegten Teigscheibe bedecken. Die Teigränder mit den Fingerspitzen rundherum leicht andrücken.

Mit einem kleineren Ausstecher (Durchmesser 5 cm) ausstechen und mit der Oberseite nach unten auf ein mit Mehl bestaubtes, sauberes Küchentuch legen, mit einem Tuch zudecken und an einem warmen, zugfreien Ort um ein Drittel ihrer Höhe gehen lassen.

Die Krapfen mit der Oberseite nach unten in ein erhitztes Fettbad geben (ca. 150–160 Grad; die Temperatur des Backfettes ist entscheidend für das Ergebnis. Ein Wassertropfen muß als Test das heiße Fett aufzischen lassen). Zudecken, nach etwa 3 Minuten, wenn sie hellbraun sind, mit einem Kochlöffel umdrehen und nicht zugedeckt nochmals 3 Minuten fertigbacken. Auf einem Gitter abtropfen lassen, und wenn sie leicht ausgekühlt sind, mit Staubzucker bestreuen. Gelungene Krapfen müssen in der Mitte einen weißen Rand aufweisen.

Scheiterhaufen mit Schneehaube

Zutaten für 6 Portionen:

6 Semmeln vom Vortag
50 g Butter
500 g Äpfel (süß-sauer, Boskop)
80 g Kristallzucker
50 g Rosinen (gewaschen)
3/8 l Milch
2 Eier
1 EL Rum
1 Msp Zimt (gemahlen)
1 EL Vanillezucker
Schale einer unbehandelten Zitrone
60 g Kristallzucker
2 Eiklar
Flüssige Butter zum Ausstreichen der Auflaufform
Staubzucker zum Bestreuen

Zubereitung:

Die Semmeln in dünne Scheiben schneiden. Butter zerlassen und die Semmelscheiben damit beträufeln.
Milch, 2 Eier, Rum, Zimt, den Vanillezucker und die geriebene Zitronenschale versprudeln und über die Semmelscheiben verteilen. Die Flüssigkeit aufsaugen lassen. Äpfel schälen, Kernhaus entfernen und blättrig schneiden.
Die halbe Semmelmasse in die gebutterte Auflaufform füllen. Die geschnittenen Äpfel, Rosinen und Kristallzucker beigeben und mit der restlichen Semmelmasse schließen.
Im vorgeheizten Rohr bei 160–170 Grad auf mittlerer Schiene ca. 40 Minuten backen.
Aus 2 Eiklar steifen Schnee schlagen, mit 60 g Kristallzucker fest ausschlagen und auf den gebackenen Scheiterhaufen aufstreichen. Schneehaube rasch bei starker Oberhitze bräunen lassen. Mit eingemachtem Kompott auftragen.

Echte Alt-Salzburger Nockerln

(federleicht, nach dem Schratt-Familienrezept)

Zutaten:

60 g feine Butter
120 g Kristallzucker
6 Eidotter
6 Eiklar
20 g glattes Mehl
0,2 l Milch
Butter zum Ausstreichen der Auflaufform

Zubereitung:

Feuerfestes ovales Porzellangeschirr mit kalter Butter einfetten und Milch eingießen.

Die weiche Butter mit der Hälfte des Zuckers gut schaumig rühren. anschließend nach und nach die Dotter beigeben. Das Eiklar mit dem restlichen Zucker zu Schnee schlagen. Den Eischnee locker unter den Butterabtrieb einheben und gleichzeitig das Mehl einsieben. Mit zwei großen Eßlöffeln Nocken formen und im Geschirr auf die Milch setzen. Im Backrohr auf mittlerer Schiene bei 220 Grad ca. 4 Minuten backen, ohne das Backrohr zu öffnen.

Mit Staubzucker bestreuen und mit Kanarimilch (eher dünnflüssige Vanillesauce) auftragen.

Mandelbögen

Zutaten:

280 g Mandeln (geschält und fein gestiftelt)
140 g Kristallzucker
3 frische Eier
Schale einer unbehandelten Zitrone
1 Messerspitze Nelkenpulver
3 weiße Oblatenstreifen (30 x 10 cm)

Zubereitung:

Kristallzucker mit Eiern, geriebener Zitronenschale und Nelkenpulver im Schneekessel über Dunst warm schlagen, dann kalt schlagen und die Mandeln unterheben. Diese Masse dünn auf die Oblatenstreifen aufstreichen. In 1 cm breite Streifen schneiden und auf mit Butter bestrichene Bogenformen legen (allenfalls über eine Rehrückenform). Im vorgeheizten Backrohr bei ca. 150 Grad goldgelb backen. Noch in warmem Zustand von der Form lösen und auskühlen lassen.

Schwarze Seelen

Zutaten:

250 g glattes Mehl
250 g kalte Butter (kleingeschnitten)
250 g Staubzucker
125 g feine Zartbitterschokolade (fein gerieben)
3 ganze Eier
Mehl für das Nudelbrett

Zubereitung:

Aus dem Mehl, der Butter, dem Staubzucker, der geriebenen Schokolade und den Eiern zügig einen Teig wirken. Eine Stunde zugedeckt im Kühlschrank rasten lassen.

Auf dem Nudelbrett ca. 1/2 cm dick auswalken und mit verschiedenen Förmchen ausstechen. Auf ein mit Pergamentpapier belegtes Backblech setzen und im vorgeheizten Backrohr bei 170 Grad ca. 15 Minuten backen.

Schneenockerln mit Karamelsauce

Zutaten:

4 Eiklar
140 g Staubzucker
3/4 l Milch
1 EL Vanillezucker

Sauce:
4 Eidotter
1/2 l Milch (die Milch verwenden, in der die Schneenockerln gegart wurden)
120 g Kristallzucker
15 g Maisstärke
1/8 l Obers

Zubereitung:

Das Eiklar zu einem festen Schnee schlagen, gesiebten Staubzucker einschlagen. Die Milch wird inzwischen mit Vanillezucker fast zum Kochen gebracht. Mittels zweier Eßlöffel große Nockerln formen und in die Milch einlegen und ca. 2 Minuten ziehen lassen, dann umdrehen. Nach weiteren 2 Minuten herausheben und läßt sie auf einem Haarsieb abtropfen lassen.
Für die Sauce Kristallzucker hellbraun karamelisieren, mit der Milch aufgießen und ausköcheln lassen.
Maisstärke mit Obers und Eidottern versprudeln und in die Karamelmilch einrühren. Nochmals kurz erhitzen, aber nicht mehr kochen lassen.
Die Schneenockerln anrichten und mit der Karamelsauce überziehen.

Schokolade-Creme

Zutaten:

1 l Obers oder Kaffeeobers (wenn man es nicht zu üppig will)
200 g feine Zartbitterschokolade
2 EL Kristallzucker
1 Vanilleschote
8 Eidotter

Zubereitung:

Obers mit Kristallzucker, halbierter, ausgeschabter Vanilleschote und kleingeschnittener Schokolade in einem geeigneten Topf einmal aufkochen lassen. Im Geschirr auskühlen lassen und Vanilleschote entfernen. Die Eidotter in einem Kochtopf versprudeln und das lauwarme Schokoladenobers mit einer Schneerute in die Eidotter einsprudeln. Das Ganze wieder auf das Feuer stellen und unter ständigem Rühren bis zur Rose kochen, das heißt, bis die Creme ans Kochen kommt, sonst flockt sie aus. Sofort durch ein Haarsieb in eine Schüssel seihen und während des Erkaltens immer wieder durchrühren, damit sich keine Haut bildet.

Diese Creme kann auch in kleine Förmchen gefüllt und im Sommer tiefgekühlt als Halbgefrorenes serviert werden.

Aus einem Briefkonzept von Katharina Schratt: „… *Daß E. M. sich die Mühe genommen haben, mir die baldige Ankunft der Kisten aus Corfu anzukündigen, dafür muß ich mich auch vielmals bedanken … und dabei habe ich immer das bestimmte Gefühl, niemals genug danken zu können.*“

Des Kaisers Ankündigung vom 1. November 1888 aus Gödöllö: „… *Der Brief war schon gesiegelt, ich öffne ihn noch einmal, da mein Kurier 3 Körbe mit Obst von Corfu brachte, deren einer gewiß Ihnen zugedacht ist.*“

Die Schratt dankt wieder: „… *Gleich bitte ich um die Erlaubnis, für die Orangen, welche ich heute empfing, gleich danken zu dürfen. Sie sind ausgezeichnet., ich werde mir aber die weise Mahnung zu Herzen nehmen und nicht zu viel davon essen, sondern wirklich mit dem größten Teil meine Theresianisten zu beschenken. Anbei erlaube ich mir, die ersten Bilder von Toni und dem kleinen Festetics beizulegen. Sonntag habe ich wieder die Aufgabe, Maître de plaisir für beide Herren zu spielen …*“ und immer wieder: „… *Vom Wein habe ich noch gestern abends auf die Erfüllung aller Wünsche I. M. d. K. getrunken … was den süßen Inhalt der zweiten Kiste mit den ‚Corinthen‘, genannt Weinbeerln, betrifft, so bitte ich um die Erlaubnis, morgen berichten zu dürfen …*“

Weinbackteig

Zutaten:

140 g glattes Mehl
1/8 l Weißwein (Welschriesling oder Muskateller)
2 EL Öl
1 Prise Salz
2 Eidotter
2 Eiklar
10 g Kristallzucker

Zubereitung:

Das gesiebte Mehl mit Wein, Öl, Eidotter und Salz mit der Schneerute kurz zu einem glatten Teig verrühren. Man kann den Teig mit einem KL Rum aromatisieren. Den Teig nicht länger rühren als unbedingt notwendig, sonst wird er beim Backen zäh. Etwas rasten lassen. Kurz vor der Verwendung den Schnee schlagen und mit Kristallzucker ausschlagen und vorsichtig kurz unter den Teig ziehen; so wird der Teig beim Backen nicht zäh und rissig. Das vorbereitete Backgut (zum Beispiel Obststückchen) durch den Teig ziehen und im schwimmenden Fett backen. Für Kinder nimmt man statt Wein Milch.

Grinzinger Riesling-Weinschaum

Zutaten:

1/4 l Welschriesling
3 Eidotter
1 ganzes Ei
100 g Kristallzucker
1 Messerspitze gemahlener Zimt
Schale einer halben unbehandelten, geriebenen Zitrone

Zubereitung:

Die Eier, Zucker, Zimt, Zitronenschale und der Wein im Schneekessel über Dunst langsam, nicht zu heiß, dickschaumig mit der Schneerute aufschlagen und sofort in geeigneten Gläsern servieren.
Der Weinschaum oder Weinchaudeau verträgt kein langes Stehenlassen!
Man kann Biskotten oder Weinbeißer dazu reichen.

Kaiserinnenreis

Zutaten:

100 g Rundkornreis
60 g Würfelzucker
1 unbehandelte Orange
60 g Wasser
Wasser zum Reis
1 Prise Salz

Creme:
1/8 l Obers
3 Eidotter
1 Ei
40 g Kristallzucker
1 EL Vanillezucker
2 Blätter Gelatine
1/8 l Obers

Zubereitung:

Der Reis wird in Wasser weich gekocht und abgeseiht. Würfelzucker an der Orangenschale abreiben und mit 60 g Wasser zu Sirup kochen. Den Saft der Orange mit dem Sirup unter den gekochten Reis mengen und kalt stellen.
Für die Creme werden 1/8 l Obers, Eidotter, Ei, Vanille- und Kristallzucker über Dunst warm aufgeschlagen und dann kalt geschlagen. Eingeweichte Gelatine in 2 EL Wasser über Dunst auflösen, das restliche Obers aufschlagen und alles unter den Reis mischen. Die Reiscreme in Portionsförmchen oder eine große Form füllen und ca. 3 Stunden gut kühlen.

Vor dem Servieren wird die Creme gestürzt und mit Orangenkompott umgeben. Für das Orangenkompott werden geschälte, in dünne Scheiben geschnittene Orangen mit Läuterzucker übergossen und bis zum Anrichten kalt gestellt.

Weihnachtspunsch

Zutaten:

500 g Würfelzucker
1/4 l Wasser
4–5 große Orangen (unbehandelt)
Saft von 2 Zitronen
1/2 l russischer Tee (starker Schwarztee)
1 Vanilleschote
1 Zimtrinde
2 Nelken
1/8 l guter Rum

Zubereitung:

Der Würfelzucker wird an den Schalen der Orangen abgerieben, dann unter Zugabe der Zeste einer Orange, Nelke und Zimtrinde in Wasser bis zum Spinnen gekocht. In den Zuckersirup mischt man den Saft von Orangen, Zitronen, russischen Tee und Rum. Der Punsch wird nach Fertigstellung durch ein Haarsieb gefiltert und heiß in Punschgläsern aufgetragen

WUNDERREZEPT FÜR EIN ELIXIER

Anhang im Original-Kochbuch

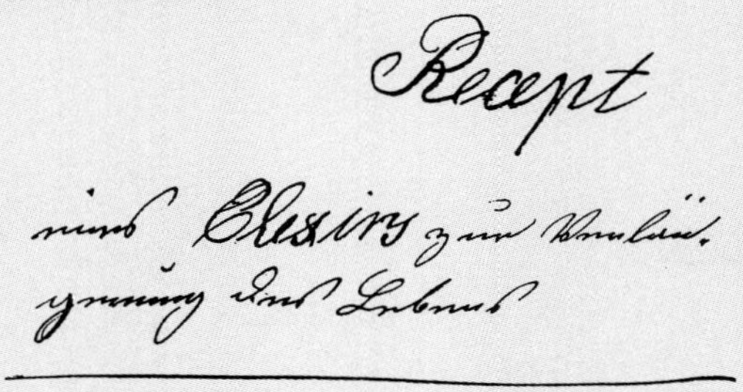
Rezept
eines Elixirs zur Verlängerung des Lebens

Ein sicheres Mittel zur Erhaltung, Verlängerung des Lebens und Befestigung der Gesundheit von Dr. Sernest, Dritte Auflage Wien, 1843.

Kurzes Vorwort

Wir theilen hier dem Publikum ein Rezept mit, das wegen seiner einfachen Zusammensetzung der Bestandteile, als auch wegen seiner besonderen Kraft, zur Erhaltung und Befestigung der Gesundheit allgemein bekannt zu werden, verdient und lassen uns am Schlusse desselben noch einige Worte nach folgen.

Der Herausgeber

Dieses Rezept ist unter des schwedischen Doktor Sernests Papieren gefunden worden, welcher 108 Jahre wurde und nach einem Sturz vom Pferde verstorben ist. Das Geheimnis dieses Rezepts war seit vielen Jahrhunderten in seiner Familie überliefert. Sein Großvater lebte 140 Jahre! Seine Mutter wurde 117 und sein Vater 112 Jahre alt. Dieser nahm täglich morgens und abends 7 Tropfen und doppelt so viel roten Wein, Thee oder Fleischbrühe ein.

Verfertigung des Rezepts

Zutaten:

1. 4 Deka von bester Aloe oder 1/8 Unze
2. 1/2 Deka Zitterwurzel
3. 1/2 Deka Czentianawurzel
4. 1/2 Deka Safran
5. 1/2 Deka Rhabarber
6, 1/2 Deka weißer Lerchenschwamm
7. 1/2 Deka venetianischer Teriak

Zubereitung:

Die ersten 6 Ingredienzien werden zu einem Pulver gestoßen und hernach mit Teriak vermischt; alles wird in eine Flasche aus dickem Glas gethan und ein Maß französischen oder guten Kornbranntwein daraufgegeben.– Diese Flasche wird mit einem Stück Blase verwahrt, in welche mit einer Nadel einige Löcher gestochen werden, damit die Flasche nicht zerspringt. Diese Mischung muß nun 9 Tage stehen, und alle Morgen und Abende umgeschüttelt werden, damit sich die Ingredienzien gut vermischen; die Flasche darf weder in der Sonne, noch auf dem Ofen stehen; am 10. Tag darf nicht versäumt werden, die Mischung in eine andere Flasche von 2 Maß umzuleeren und zwar so, daß vom Satz nichts mitgeleert wird.

Auf den Satz am Boden der Flasche wird wieder ein Maß Branntwein gegossen und wie beim 1. Mal verfahren. Am 10. Tag wird auch dieses Maß übergossen, nachdem die Mischung abgeflossen ist. Die im Satz enthaltene Flüssigkeit wird durch einen Lappen oder Löschpapier gefiltert. Sind diese beiden Abgüsse recht wohl vermischt, so vertheilt man dies in kleine Fläschchen, in dem es vortheilhafter aufbewahrt ist, als wenn alles in einer großen Flasche beisammen bleibt. Bei öfterem Gebrauch verdunstet nämlich die Medizin und verliert an Kraft. Die kleinen Flaschen werden mit Pfropfen versehen; so kann man das Elixier viele Jahre erhalten. Es wird immer besser. Bei dem täglichen Gebrauch des Elixiers braucht man keinen Aderlaß und lebt lange. Es gibt Kräfte, stärkt die Lebensgeister, schärft die Sinne, hemmt das Zittern der Nerven, stillt Gicht und Podagraschmerzen, besonders wenn letztere in den Kopf steigen, es reinigt den Magen von saurem Schleim, hindert Koliken und schlechte Verdauung nebst Kopfschmerzen und aufsteigendem Durst, tötet Würmer, heilt Eingeweide und Magenkoliken in einigen Minuten, macht munter und heilt Wassersüchtige, kurbelt die Verdauung in einer Stunde an, verbessert das Gehör bei Schwerhörigen, wenn man einige Tropfen auf Baumwolle gibt und in die Ohren steckt, stillt auf gleiche Weise Zahnschmerzen, reinigt das Blut und seinen Kreislauf, ist ein gutes Mittel gegen Gicht. Es verschafft eine lebhafte Farbe, führt allmählich ab und vertreibt ab der 3. Dosis Beschwerden. Dieses Elixier ist beinahe die Wiederherstellung menschlicher Gesundheit und wirkt sogar bei Blödsinnigen. Das Elixier hilft bei ansteckenden Krankheiten und hat den Vorteil, daß man ohne Gefahr eine Portion davon nehmen kann und es bei keiner Krankheit schädlich ist.

Gebrauch des Elixiers

1. Bei Übelkeit – 1 EL voll.
2. Bei übler Verdauung – 2 EL voll und 1/4 Tee.
3. Wenn man betrunken gewesen ist und sich am Morgen nicht wohl fühlt – 2 EL.
4. Für Gicht und Podagra – 3 EL ab und zu.
5. Für die Eingeweide – Koliken, Blähungen – 3 EL und 8 Deka Branntwein.
6. Für die Würmer bei Kindern 8 Tage lang jeden Tag 1 TL voll mit weißem Wein.
7. Für Wechselfieber bei Eintritt des Frosts jedes Mal 1 EL voll.
8. Für Wassersüchtige 1 Monat lang täglich 1 EL voll mit weißem Wein.
9. Zum Laxieren für starke Naturen 3 EL voll, für Frauenzimmer 2 EL voll. 4 Stunden danach: ein leichtes Abendessen, worauf man sehr ruhig schläft. Am andern Tag kann man schmerzfrei laxieren. Man enthalte sich an solchen Tagen aller rohen Speisen, Salat und Milch, und gehe nicht viel an die Luft.

... wörtlicher Inhalt des Sernest-Elixiers

Alle Ingredienzien sind in Drogerien und Apotheken um 6–8 Groschen zu haben. In den Apotheken erhält man alles schon klein gestoßen und mit Teriak vermischt. Die Mischung wurde von uns in eine gewöhnliche Weinflasche getan und von Anfang an mit einem Korkstöpsel versehen. Der Abguß wurde unterlassen, weil wir es für besser hielten, wenn der Branntwein ständig über dem Satz stehen bleibt. Wir hatten gute Erfahrungen mit dieser Methode.

Es ist nicht bekannt, beziehungsweise von Historikern kommentiert worden, ob Frau Schratt dieses Elixier aus ihrem Kochbuch persönlich verwendet oder Kaiser Franz Joseph ab und zu verabreicht hat.

TORTEN und ANDERE SÜßSPEISEN

Gug…

Man treibt 12 Loth B…
bis schäumend hernach gebe…
3 ganze Eier darein, g…
dann giebt man ein ½
2 Loth guten Germ u. n…
bißchen dann einen Theil i…
etwas Salz, u. ½ M…
tes Mehl, so mischt ma…
leicht untereinander…
vom Mehl frischt herau…
in einen mit Butter…
läßt ihn an einem…
in aus dem Rohr.